地方に「かえ〜る人」3

自分スタイルではたらく、暮らす

丸尾宣史 編

吉備人出版

まえがき

「かえ〜る人」書籍もシリーズ3作目となりました。

丸尾宣史

２０１４年に岡山県北部で「かえ〜る人（かえ〜るじん）」という言葉が生まれました。４年を経て、取材をさせていただいたかえ〜る人は合計で42人となりました。（２０１８年7月現在）

岡山県北部という「地方にかえる」そして「地方をかえる」という二つの言葉を掛け合わせ、地方で新しい価値を創り出しチャレンジをする人たちを「かえ〜る人」とお呼びしています。

そして、読者の皆さまにも実際にかえ〜る人に会って話を聞いたかのように読み進めていただければと思い、今回も書籍を制作しました。

地域の魅力を発信して6年目。

私は2009年に東京から岡山県北部の津山市にUターンし、その後2013年に地域や企業の魅力を発信することを生業に起業して今年の4月で6年目に入りました。今は東京から約700㎞離れた津山地域で暮らし、地域の魅力とは何かをいつも考えています。

かえ～る人取材で感じたことは「地域の魅力とは、人そのもの」だということです。

定住に欠かせないと言われる仕事も人がつくり、地域の食べ物も人がつくっています。どれだけ魅力的な人がいるかがその地域の魅力であり、それを見える化し、つながるキッカケをつくることが大切であると考えています。これからもかえ～る人の取材を通じ、地域の魅力を発信し、帰ってもよいと思える故郷、暮らしてもよいと思える地域をつくっていきたいと思います。

この本に書かれていることは、岡山県北部で実際にはたらき、暮らしている10人のかえ〜る人からお話を聞いた内容です。

かえ〜るサイクル。
「かえ〜る人」とは、
1．「帰る」都市から地方へ。
2．「変える」新たな仕事を生み出す。
3．「還る」それらが継続して繰り返される。

岡山県北（けんほく）ではたらく。くらす。いーなかえーる。
http://www.kenhoku.jp/

地方に「かえ～る人」3
―自分スタイルではたらく、暮らす―●目次

地方に「かえ〜る人」3 ―自分スタイルではたらく、暮らす―

岡山県真庭市勝山

御前酒蔵元辻本店　辻 総一郎

伝統文化に甘えず、リスペクトし、そして新たな文化に

丸尾　辻総一郎さんは、御前酒蔵元辻本店の七代目蔵元代表取締役ですけれども、会社の方ではどういった事業を展開なさっておられますか？

旭川の水と県北の寒冷な気候が酒づくりにぴったり

辻　１８０４年の創業で、メインは日本酒の製造販売業でございます。

丸尾　そして、その他にも取り組まれているようですね。

辻　こちらの辻本店の向かい側で、レストランとショップ、カフェも運営しております。

丸尾　ちなみに素人なんですけど、お酒づくりにここ勝山が向いているというのは、もともと水が合ったりするからでしょうか？

辻　そうですね。やっぱり一番大事なのは水なんですね。お酒の８割は水でできているので。まず、水といっても、いわゆる鉄分が多かったらだめなので、この旭川の水質が酒づくりに合っているんです。あとはやっぱり気候ですね。岡山県北の寒冷な気候とい

うのは、酒づくりに非常に最適であると思います。

2007年より蔵人の世代交代。そして新たな日本酒づくり

丸尾 メインブランドとされているお酒というのは、もちろん御前酒ですが、その他にも「GOZENSHU 9（NINE）」ですとか、とってもオシャレで斬新だったりしますよね。こういった商品の開発とか企画もされているということですね？

辻 そうですね。中身のお酒に関しては、私の姉が杜氏《とうじ》をしていまして、私は企画や販売営業などといったところをメインにさせていただいています。

丸尾 歴史があって、とても質の高いお酒をつくられながら、伝統的なものを活かしつつ、新たなものをつくろうと思われたきっかけはありますか？

辻 私の姉も私も、この蔵に帰ってきて15、16年です。当然それより以前にうちの父や祖父が先代の蔵元として、御前酒というブランドを長くやってきました。

私たちが生まれた昭和50年代前半から半ばぐらいが、日本酒の出荷量のピークで、ちょうど私たちがここの蔵に帰ってきた頃、日本酒の需要が低迷していた頃でした。

私たちが帰ってきた頃というのは、本当に日本酒が売れなくて、どうしようかというと

きだったのですけど、その中で、日本酒のユーザーというのは圧倒的に60代、70代の方々がほとんどでした。

　この先どうしていきたいかと2人で話をして、やっぱり同世代、もしくは自分たちより若い世代に日本酒をもっと飲んでもらうために、何かしたいという話になりました。

　ちょうどその時期に、いわゆるお酒をつくる職人さんたちも、60代、70代のおじさまばかりでお酒をつくっていたんですけど、ちょうど私の姉が2007年に杜氏になりまして、そのときにガラッと世代交代もしました。20代のメンバーにガラッと若返って、当然今までの御前酒の

味や、歴史を守っていくというのはもちろん大切なことではあるのですが、それプラス、これからの世代に向けた日本酒をつくろうという話が始まりました。

それで2年、3年ぐらい時間をかけてでき上がったのが、この「9（NINE）」というお酒です。２００９年にこのシリーズは展開をスタートしました。

革新する清酒 GOZENSHU 9（NINE）

丸尾　「9（NINE）」は何種類かありますけど、例えば地元のユズを使われたものとか、すごくおいしいですよね。

辻　ありがとうございます。

丸尾　そういった地域の食材を使ってというところは、こだわられているところですか？

辻　そうですね。もともと御前酒は長年やっていますけれども、まず、日本酒の原料はお米です。必ず岡山県産を使うというこだわりもありますし、仕込みに使うお水も、蔵の地下を流れている旭川の伏流水を使っています。やはり地元産にこだわるというのは我々の一番のポイントですね。ユズにしても、久米南町のユズ果汁を使っております。

丸尾　スパークリングもありますね。

辻　「9（NINE）」は全部で6種類ありまして、緑色のものがいわゆるレギュラーボトルで通年のタイプです。ホワイトボトルが冬限定の生原酒タイプ。スパークリングは、年に2回仕込むようにして、年間を通して販売するようにしています。ユズも年間通してやるようにしています。残りの2種類というのが、夏限定バージョンと秋限定バージョン、全部で6種類ですね。

丸尾　日本全国で販売ということになりますよね。

辻　そうですね。海外でも一部出しています。発売当初というのは、こういう見た目なのでなかなか受け入

れていただけなかったんですけど。

丸尾　日本酒としては、ということでしょうか。

辻　そうですね。こんなのは日本酒じゃない、みたいな感じで。特に私たちの業界は、その頃はまだまだ本当に保守的なところがあり、いわゆる墨字の日本語、漢字のラベルというのがほとんどという中ででしたので。

3年目、4年目ぐらいから、徐々に徐々に、日本酒業界自体が本当に、私たちだけでなくて、他県の酒蔵さんなんかも世代交代がちょうど始まったぐらいで、比較的日本酒を自由な発想でつくっていこうという流れが出てきました。それからだんだんと受け入れていただけるようになったりとか、また海外の方でも評価をいただいたりして、今ではうちのメイン商品になってきていますね。

「西蔵《にしくら》」と「東蔵《ひがしくら》」

丸尾　そして、通りを挟んだ向かい側がレストラン、ショップとカフェですね。

辻　そうですね。1階が蔵元の直営店で、あとカフェがあり、2階がお食事処ですね。

丸尾　「にしくらカフェ」という名前ですね？

御前酒蔵元

辻　そうです。あの建物自体はNISHIKURAという名前で、その中に3つのエリアがあるんですよ。販売所が「SUMIYA」という名前で、カフェが「にしくらカフェ」で、2階が「お食事処西蔵」となります。

丸尾　もともとあちらの建物自体は、どういうことに使われていたのですか？

辻　昔、お酒を貯蔵する蔵だったんです。それを当時から「西蔵《にしくら》」と呼んでいて、そのままお店の名前にしています。ちなみに、実際今も酒づくりをしている、NISHIKURAの向かい側にある蔵は「東蔵《ひがしくら》」と呼んでいました。

丸尾　なるほど！　そういうことなんですね。NISHIKURAは、カフェなど人が出入りしやすいカタチにされているんですね。

辻　実はあの建物も築150年ぐらいの建物で、登録有形文化財にも指定されています。まず平成元年、私の父の代にレストランとしてリノベーションをして、実はつい半月前にリニューアルしたばかりです。今までは食事処というか、レストランだけの機能だったのですが、そこに蔵元のショップとカフェを新しくオープンしたという形ですね。

姉が杜氏に弟子入りし、先に酒づくりの道へ

丸尾　辻さんはもともと、もちろん生まれはここですが、一時外に出られていたとのことですが、どちらですか？

辻　東京に出て音楽をやっておりまして（笑）。ギターをやっていました。

東京に合計で5年ぐらいいたんですけど、途中海外にも行ったりしながら。23歳のときにこちらに帰ってきて、入社しました。それからの間も、1年ぐらい東京で動いて、集中的に営業活動をしたこともありましたね。

丸尾　その杜氏のお姉さんもいったん出られていて、戻ってこられたんですね？

辻　そうです。姉は2つ上なんですけど、東京の大学に行っていて、蔵の長女ではあるんですけど会社を継ぐのは男の私という流れで来ていたので、普通に東京の会社に就職をしました。

でも大学時代に友達に、酒蔵の娘ということで、「お酒ってどうやってつくるの？」と聞かれたことがあったそうなんです。でもその質問に全然答えられなかったみたいで、これはいかんなということで、大学の冬休みを利用して、1週間、2週間程度、蔵のお酒の仕込みを手伝ったり、見学したり、体験したんです。

そのときの経験が自分の中に残っていたみたいで、就職して仕事をしていても、いまいち実感が得られなかったようで、そのときふと、「私は酒づくりがしたい」と思ったらしくて、当時いらっしゃった先代の杜氏さんに弟子入りをしました。

東京から客観的に見ていた勝山の町

丸尾　辻さん自身は、もともとこっちに戻ってきて、こういうことをしたいというものはありましたか？

辻　いや、実は全くなかったですね。ごらんのとおり田舎町でしたし、私たちが小さい頃とか学生時代は、今みたいに街並みもこんなに盛り上がっていませんでした。「もう二度と帰ってくるものか」と思って東京に（笑）。

秋祭りがあるんですけど、激しいお祭りで喧嘩だんじりもあり、それは僕も小さい頃から毎年出ていて、東京にいた頃も、必ずそのときは帰ってきて祭りには参加していました。その秋祭りの3日間はすごく盛り上がるんですけど、他の日はあまり何もない、静かな町だったんです。

でも、東京に行っていたぐらいのときから、この勝山の町自体も、盛り上がってきていました。

街並みが整備され始めて、のれん

がかかる街並みになってきたり、空き家とかに移住者が来て、何かものづくりを始めたりするようになりました。この勝山自体がすごくその頃盛り上がりつつあったのを客観的に見ていました。

ちょうどその頃、先代の父がたまたま東京に出張に来たときに会うことになり、その頃から酒づくりの話や、蔵元の話を父ともするようになりました。

ただ酒をつくるのがうちの役目ではなくて、地域のいろいろな文化、食文化と密接にかかわりながら情報発信をして、この勝山の町をたくさんの人に知ってもらって、たくさん

お客さんに来てもらいたい、というような話をして、そのときに何か初めて理解をしたような感覚になりました。

それは何だか自分もやってみたいと思いましたし、ちょうどそのレストランの方でも、うちの先代はジャズがすごく好きだったので、ジャズのミュージシャンを呼んでコンサートとかもしていました。そして、1年早く姉が帰って酒づくりを始めていたというのも、すごく刺激にもなりました。そういう背景もあって、僕でもできるかなと思って帰ってきたんです。

丸尾　なるほど。勝山自体を盛り上げていきたいというお話もあったりとか、先代の思いとかを聞くと、やっぱり使命感みたいなものをもらったりということもあるんですか？

辻　そうですね。帰ってきた当初というのは、まだ使命感なんて何もなかったですね。僕自身も業界のことは、まだ何も勉強していなかったですし、本当にイチからという感じでした。只々やってきた中で、徐々にそういうふうになってきたという感じでしょうか。自分なりにも商品企画に携わったり、イベントをやったりとかという中で、だんだんとそういう考えが芽生えてきたのかもしれないですね。

地域文化の発信ができるような場所に

丸尾　これから辻本店のあらたな商品づくりを通して、勝山をはじめ地域に対して、広げていきたいことや、変えていきたいことがあったら教えてください。

辻　勝山自体、先ほど申し上げましたけど、まちづくりが1993年ぐらいから始まって、ちょうど私たちの親世代が30年間ずっと頑張ってきて、今の形になっています。次、我々世代がそれをつないでいって、私たちの世代なりの地域をつくっていくということを、今まさにやっているときだと思っています。

うちのレストランも、約30年ぶりにリニューアルしたんですけど、今回のリニューアルしたポイントというのは、やっぱり次の世代に受け入れてもらえる場所にもなってほしいということなんです。

そしてここは山陰・山陽の中間地点というのもあるので、いろんな方に来てもらって、ワークショップやイベントをやってもらったり、真庭の作家さんに展示してもらったりしながら、地域文化の情報発信になるような場所になってほしいという思いがあります。本当に同世代との連携というのを、今後強めていきたいなと思います。

毎年答えがないのが酒づくり

丸尾　イギリスのロンドンに行かれたりしていましたが、海外での反応というのはどんな感じなんですか？

辻　そうですね。今、日本食レストランも海外でも増えていますし、日本食レストランだけではなくて、現地のレストランとかでも、ワインリストなんかに日本酒が入っていったりとか、変な話、国内よりも盛り上がっている部分も感じますよね。

丸尾　どんどん海外でも、もしくは日本で今まで日本酒をあまり口にしてない僕らの世代も、日本酒を口に運んでくれるような機会が増えたらいいですよね。ではこれからチャレンジしていきたいことなどあれば教えてください。

辻　酒づくり自体も本当にゴールがなくて、毎年毎年、私たちができることはすごく限られています。当然農家さんがつくられたお米もいただいて、なおかつ地域の水を使って、あとやっぱり微生物なんですよね。酵母菌だったり、乳酸菌だったり。我々の目では見えないんですけど、その菌のご機嫌を伺って、あとはその菌が働きやすくなる環境を我々がつくってあげることが必要なので、本当に教科書がないというか、毎年毎年答えがないんです。

そういった意味で、毎年チャレンジではありますし、その中で「9（NINE）」というシリーズも誕生しました。老舗ではありますが、時代に合わせたプロモーションの仕方だったり、パッケージもそうだと思うんですけど、本当に毎年新しいものは何か出していきたいなという思いもあります。

あとはNISHIKURAのような、日本の文化をどんどんリンクしながら発信していくことは、毎日がチャレンジです。チャレンジしないと私たちのような老舗は続いていかないと思うので、時代時代のチャレンジというのは常日頃にはあります。

未知への好奇心が、自分自身のバイタリティー

丸尾　蔵で働かれている人というのは、若い方なんですか？
辻　そうですね、同世代ですね。当時は20代後半ぐらいでしたけど、今は30代後半、40代前半ぐらいまでみんな上がってきています。
丸尾　蔵人になる人は「酒づくりがしたい」といって来られるのですか？
辻　そうですね。去年4人ぐらい若手が入ったんですけど、20代前半もいます。今の若

い子というのは、やっぱり手に職じゃないですけど、自分でモノをつくりたいという人が増えてきているのかなと思いますね。

丸尾　なるほど。何かそういう人たちが働ける場所としても、手に職をつけながら、この勝山という場所で働けるというのは、すごく素晴らしい会社ですね。

辻　ありがとうございます。

丸尾　では、最後の質問なんですけど、辻さんが日ごろから大切にしているような言葉があれば、教えてください。

辻　座右の銘は「謎以外に何を愛そうか」という言葉があるんです。

丸尾　すごくよい言葉ですね。

辻　酒づくりにも通じると思うんですけど、僕自身が既存のものとか既定のものに対してすぐ疑いの目を持って、本当にこれで正解なのか？といつも考えてしまうんです。自分自身の好奇心というか自分自身のバイタリティーのもとにあるのが、そういう曖昧なものとか、未知なものなのかなと思っているんです。

丸尾　伝統を尊敬しながらも、何かが生まれてくるきっかけは、疑問を持っていくということなんでしょうか。

辻　そうですね。伝統文化というものは、言いかえればそれに甘えてしまうと、そこでとまってしまうのだと考えています。文化というのは本当に、今まで当然培ってこられたものはリスペクトしながら、そこに新しいエッセンスをどんどん蓄積させていって、初めて新たな文化になると思っています。

辻　総一郎（つじ　そういちろう）
1979年岡山県真庭市生まれ。1998年勝山高等学校卒。2002年㈱辻本店入社。2007年取締役就任。2010年常務取締役就任。2012年代表取締役就任。

御前酒蔵元辻本店
文化元年（1804年）創業。当時は美作勝山藩御用達の献上酒として「御膳酒」の銘（現在の銘柄の由来）を受け、一般には「萬悦」の銘柄で親しまれていました。「御前酒」と「炭屋彌兵衛」の蔵元。幻の酒米である雄町米を使用し、独自の菩提酛《ぼだいもと》（酒の製法）で造るこだわりの味をお届けいたします。
岡山県真庭市勝山116
http://www.gozenshu.co.jp/

丸尾　お話を聞かせていただきありがとうございました。伝統を大切にしながらも、甘えず、新たな文化をつくっていくという姿勢にとても感銘を受け、刺激を受けました。リニューアルされたばかりのNISHIKURAのショップにもたくさんのお客さまが来店されており、地域の作家の作品も並べられていました。まさに酒づくりだけではなく、地域文化を発信していく場所として、時代を超えて新たな価値を創り続けていました。辻さんは、東京からUターンのかえ〜る人でした。

取材日：２０１７年２月24日
撮影地：御前酒蔵元辻本店

岡山県津山市

はなうり　藤原康介

〝お客さんをびっくりさせるようなもの〟をつくれたら最高

丸尾　「はなうり」さんは、どういったことをやられていますか？

藤原　花束をおつくりしたり、アレンジしたり、観葉植物のリース（貸し出し）も行っています。それからブライダルの装飾や、ディスプレイなどもさせていただいています。

他店では見られない珍しい植物をチョイス

丸尾　お店には珍しい植物が結構ある印象を受けたんですが、どんな感じのものをチョイスして入れられているんですか？

藤原　私自身の好みの植物や、あと、この地域ではあまり売られていないようなものですね。最近ホームセンターなどでも、植物を販売しているところが結構多いので、他にはないようなものを、いろいろ入れています。

丸尾　「はなうり」さんならではという植物といえば、例えばどんなものがありますか？

藤原　例えば、「旅人の木（タビビトノキ）」とか。大きい観葉植物なんですよ。もともと全体は何十メートルとかあるような大きい木の一種です。あとは、サボテンなど多肉植物の、変わった品種を入れたりしますね。四角鸞鳳（シカクランポー）や、五角鸞鳳（ゴカクランポー）とか、そういうちょっと変わったやつです。トゲのないようなサボテンも仕入れたりしています。

ゆったりとした津山で、自分のペースで

丸尾　大阪から戻られたということですが、ご出身は津山市ですか？

藤原　津山の高校を卒業後、大阪に行ってアパレルの専門学校に進み、その後はアパレルの仕事をしていました。そして、そこから大阪にある輸入関連の会社に入ったんですよ。鉢やガラスなど花屋が使う資材を扱う会社でした。そこでは、お客さんが主に花屋さんだったので、いろいろ花屋さんと会話しているうちに、自分も花屋をやろうと思ったんです。

丸尾　もともとはアパレルの方に興味があって、そちらに進学をされて、仕事もされていたんですね。

藤原　そうですね。ショップで販売員をしていました。そして全く違うジャンルのお仕

事を探していて、ある時、輸入の仕事がやりたいなと思って、前職の会社に入りました。

丸尾　岡山県津山市に戻ってこられて、「はなうり」を始められたということですか?

藤原　いえ、すでに大阪の会社で働きながら、移動販売として自分で車に花など植物を積んで、イベント出店をしていました。すでにその頃から名前は「はなうり」でした。

丸尾　大阪の方でも「はなうり」をされていたのですね。

藤原　お店をつくるために２０１６年１月に帰ってきました。そこからお店を全部自分でつくり、３月に

オープンさせました。
丸尾 ちなみに、地元である津山に戻ろうと思ったきっかけは何でしたか？
藤原 きっかけは、自分のペースで「はなうり」ができるのは、大阪ではなく津山だと思ったからです。ゆったりとしたところでやりたかったんです。

植物の保管場所を「はなうりカフェ」に

丸尾 実際に今、弊社のシェアオフィス「アートインク津山」でも観葉植物のリース（管理と貸し出し）をお願いしていますが、植物って自分たちでやろうとしても、なかなか難しいですよね。
藤原 管理が難しいですね。会社ですと皆さんそれぞれ仕事もあって、その仕事をしながら植物の世話をするのは、大変だと思います。
丸尾 「はなうり」に隣接する「はなうりカフェ」は、いつ頃オープンしたのですか？
藤原 2016年8月です。
丸尾 植物を扱うお店以外に、カフェをやろうと思った理由は何ですか？
藤原 ここのカフェスペースである店舗自体を借りたのは、もともと植物をリースで貸し出すとなったときに、保管する場所が欲しかったので借りたわけですが、半分はカフェでもいいかなと思って(笑)。

丸尾　大阪のときは店舗を持たず、移動販売みたいな形で植物を扱われて、津山では店舗を持ってやっていますけど、仕事で違う感じはありますか?

藤原　違いはまず、植物の扱う量ですね。津山での方が増えたのと、やっぱり大阪のときは店舗を持っていなかったので、在庫にしても、仕入れる量にしても全然違いますし。

あと、お客さんの層も違いますし、大阪と比べて流行の「時差」もあります。

〝こいつ〟とか〝あいつ〟（笑）、植物は生きているから

丸尾　何かこれから、「はなうり」さんの事業として、広げていきたい部分はありますか？

藤原　もっと気軽に男の人でも花を買いにきて、女性にプレゼントしたりできるようにしていきたいですね。花屋さんって、男の人はちょっと入りづらいというイメージがあるので。ちょっと間口を広げて植物を扱って、お客さんが入れるようにしてあげたいですね。

丸尾　藤原さんが植物のことを〝こいつ〟と呼んだことが、以前印象的だったんですが、植物はそういう存在なんですか？

藤原　〝こいつ〟とか、〝あいつ〟とか（笑）。何か〝モノ〟と考えるよりも、植物は生きているからそんな扱いになったりしますね。それぞれ人格みたいなものもある感じですね（笑）。

丸尾　「はなうり」として、大切にしていることは何ですか？

藤原　ボリュームです。例えば花束ですと、普通よりも華やかで、その価格以上のボ

リュームを出したいです。

やっぱりどうしても、花の値段の相場とかは分かりづらいと思います。だからこそ「はなうり」の花束はすごいって、満足してもらえるお花を提供していきたいと思います。

変わっているとか、マニアックと言われる方がいい

丸尾　「はなうり」をしていて、やりがいを感じる瞬間はどんなときですか？
藤原　デザインにしろ、アレンジにしろ、基本お客さんからの依頼でつくるんですけど、一番嬉しいのは「お任せで」と言って

いただけるのが嬉しいですね。それから、「すごい」とか「わあっ」とか、その一言がとても嬉しいです。お客さんをびっくりさせるようなものをつくれたら最高ですね。

丸尾　それから、いい意味で「普通じゃない」ところがコンセプトになりますかね？

藤原　そうですね。ちょっと変わったことをやりたいというか、他の人と違うことはやりたいと思います。普通よりちょっと変わっているとか、マニアックと言われる方がいいですね（笑）。

藤原康介（ふじわら　こうすけ）

1986年兵庫県生まれ。9歳から上齋原に暮らす。大阪のバンタンデザイン研究所を卒業し、アパレル関係の仕事に就く。その後、花屋関係の資材を輸入する会社に勤務。2016年津山にUターンしはなうりopen。

はなうり

津山市の中心地でフラワーショップを運営。ショップやレストランなどの店舗・オフィスのディスプレイ装花をはじめ、ウェディング装花、フラワースクール、お祝いのアレンジ・花束をはなうりのナチュラルで鮮やかなスタイルでご提案していきます。また観葉植物のレンタルリースもしております。
岡山県津山市山北796—1コーポ山北
https://www.facebook.com/hanauri878/

丸尾　お話を聞かせていただきありがとうございました。珍しい植物に囲まれた、ワクワクする空間で、藤原さんの感性と「はなうり」の面白さを感じる対談となりました。岡山県津山市であえて普通とは違うことを、という考え方にとっても共感しました。藤原さんは大阪からUターンのかえ〜る人でした。

取材日：2016年12月20日
撮影地：はなうり、はなうりカフェ

岡山県津山市

Okayama Table TERRA、Steak&Wine Bocci **寺阪 渉**

関わる人の人生を彩りたい

丸尾 まず、寺阪さんが今されている事業についてお聞かせいただけますか？

寺阪 現在、飲食店2店舗の運営をしております。一つ目がカジュアルなイタリア料理のお店「Okayama Table TERRA（以下、TERRA）」、ステーキのお店「Steak&Wine Bocci（以下、Bocci）」です。

地元の素材の魅力をいかに引き出せるか

寺阪 TERRAについては、Okayama Table（岡山の食卓）というコンセプトで、岡山の食材を使った料理を主に提供しています。地産地消をメインに考えて、津山地域の野菜農家さんと直接お取引をさせていただいて、いかに素材の魅力を引き出せるかをシェフが考えて、お出しししています。

ここBocciは〝本当においしいお肉を知っていただく、鉄板スタイルで食べる〟というものを広げていきたいなという思いで発信しました。たまたまそのときに津山和牛が出たところだったので、津山和牛と一緒に盛り上げていきたいと考えてきました。

その頃は、ステーキハウスというものが津山にはなく、鉄板焼きをやっていたシェフと出会って、一緒にやりましょう！ということでスタートしました。

津山和牛は頭数が少ないので、手に入る機会も少ないのですが、手に入ったときは津山和牛を変わらずの値段でお出ししています。津山和牛の特徴は、脂が甘いと言われます。ブランドができたてなので、これからもっともっとおいしくなっていく、ものすごいポテンシャルがあるお肉だと思います。

地元である津山に何か貢献をしたいと思った

丸尾　少しさかのぼりますが、もともとのお生まれは津山ですか？
寺阪　はい。高校を卒業して、大阪のブライダルの専門学校に行きました。そこで勉強して、ブライダル業界に就職し、４年ほど働きました。
丸尾　その後戻ってこられたのですか？
寺阪　ブライダルの仕事の後、自動車業界で営業をしました。もともとずっとお店をやりたいというのがあったので、ブライダルでサービスを学んで、その後、車が好きだっ

41　Okayama Table TERRA、Steak&Wine Bocci　寺阪 渉

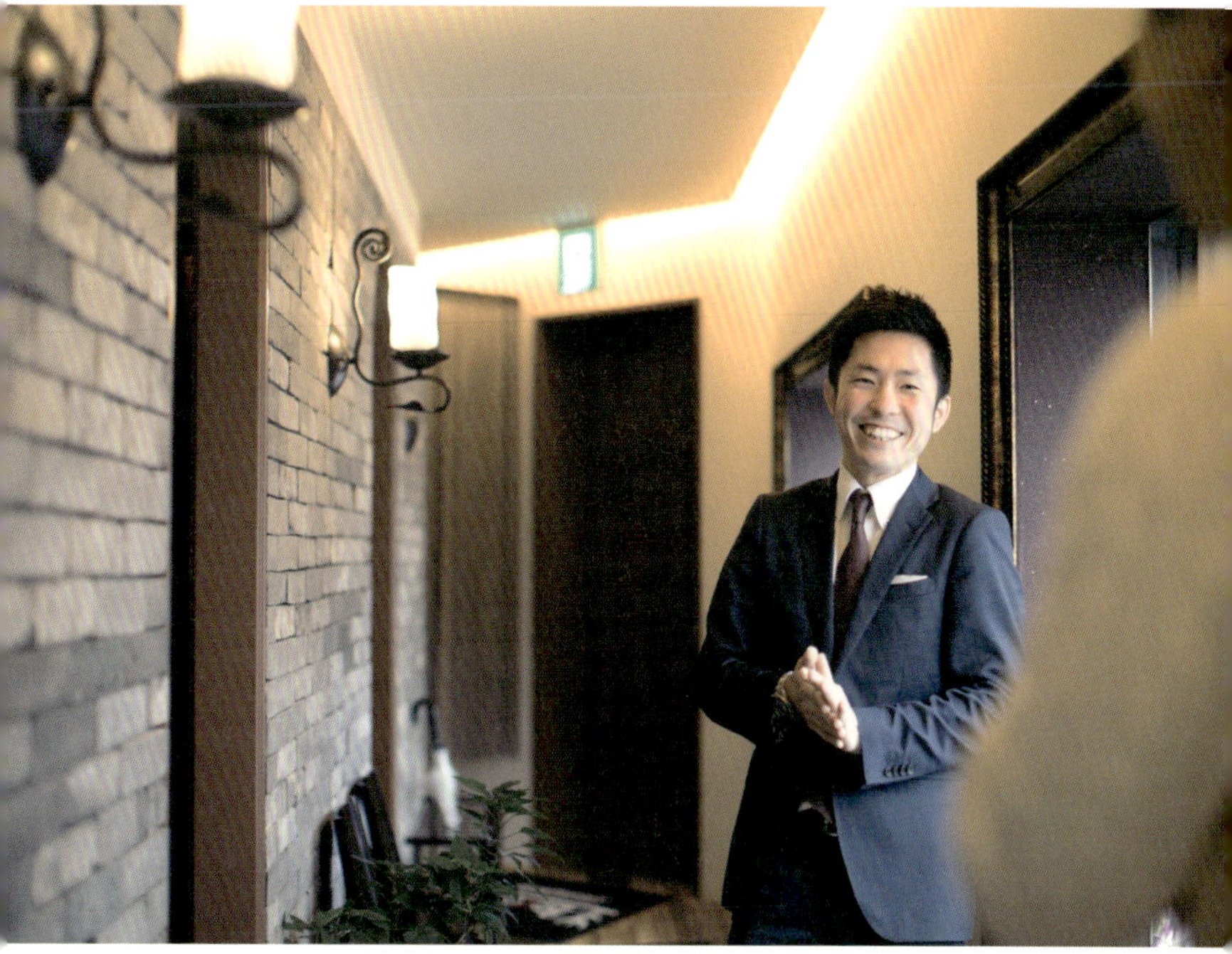

たこともあり、車の営業をやっていた時期もありました。

丸尾　いろいろご経験なさっていますね。その後は？

寺阪　お店を出すにも最初はシェフを雇うことが資金的に厳しいだろうと思い、はじめは自分が料理をしないと駄目じゃないですか（笑）。まずは個人経営のレストランに就職をさせてもらって、そこで小さいお店の運営の仕方や料理の基礎を教えてもらいながら、料理を学びました。

津山に戻ってきたのは、飲食店で働きながら、どこで店を出そうかなと考えたときに、津山に帰って、もっと地元を盛り上げることができ

たらと思ったのがきっかけです。

丸尾　TERRAのコンセプトをもう少し教えてください。

寺阪　津山に帰って一番強く感じたのが、「野菜がとってもおいしい」ということ。その一つひとつの野菜には農家さんの「想い」がたくさん詰まっています。料理を通して、そんな作り手の方々の「想い」をその食材を食べるお客様にまで伝えていきたい。「Farm to Table」をコンセプトとし、愛の詰まった食材を活かせるよう日々追求していきたいです。

飲食店は人間産業。やっぱり人が大事

丸尾　TERRAをやりながら、Bocciでステーキをという流れとして、どういう想いでこの業態になさったんですか？

寺阪　Bocciに関しては、何か津山にないものが作りたいと思っていたところ、坪井シェフとTERRAで出会いました。シェフの料理歴や鉄板焼での経験だけでなく、その人柄にもほれ込み、猛アタック（笑）。そしてBocciのオープンに至ります。

丸尾　そういう出会いってすごく大事ですね。

寺阪　そうですね。私もこの時期に改めて実感しました。TERRAとBocci共に自分が一番胸を張れるのは「人材」だと自信を持っていえます。一人ひとりの人柄や仕事に対する姿勢もそうですが、何よりもみんな素直です。スタッフのみんなに出会えたことは、自分の人生の中で一番の財産かもしれません。

接客は〝感謝〟と〝気づき〟

丸尾　以前は県外のお店で働かれていましたが、津山で飲食業をされてみて、何か違いはあったりしますか？

寺阪　やっぱり地元だと、すごく〝つながり〟を感じます。紹介をしていただくのはもちろんですけど、何か自分たちの知らないところで宣伝してくれていたり、協力してくれる繋がりがすごく強いなと。来店していただいたお客様から「どこどこの誰々に教えてもらったんよ！」とお話しいただくことが地元っぽいなと（笑）。

丸尾　先ほど、人が育ってきているとおっしゃっていましたが、人を育てるために、気をつけられていることなどはありますか？

寺阪　最近ですけど、1対1で話す機会というのを頻繁にとるようにしていますね。もともと結構自分はトップダウンで言いがちなところもあります。なので、やっぱり相手の話を聞いて、その人たちがどう思っているのかというのを理解していきたいと考えています。

　接客する上で、アルバイトの方も含め、全員に大切にしてほしいのは、〝感謝の気持ち〟と、あとは〝気づき〟だけだと思います。その二つさえあれば、お客様は喜んでくれると思います。必然的にサービス業は答えがない世界なので、答えをその瞬間で導き出していかなければならないことがあると思います。お客様に対する心配りを徹底することを大事にし、言い続けています。

〝食〟を中心に置くとフィールドは無限大に

丸尾　今後、その他にチャレンジしていきたいことはありますか?

寺阪　飲食店というと、やはり店舗を構えて、そこでしか動けないとか、そんなイメージが多いと思います。それはもちろんなんですけど、僕らは〝飲食店〟というよりは、〝食〟というものだけを中心に置いておきたいなと考えています。〝食〟に関わるものだったら、何でもしていいんじゃないかなと。

ジャンルも関係ないですし、イタリアンやっているから和食出しちゃ駄目というのもないでしょうし。だから〝食〟というものを真ん中に置くと、飲食店をつくるための「店舗のデザイン」だったり、「メニューのデザイン」だったりとか、その他にも、病院もそうですし、色々なものが〝食〟を取りまいていると思います。そうすると、〝食〟の仕事は無限大な気がして。その無限大にある中で、自分たちが何をしていけばよいのかを考えています。

食を通じて人生を彩る

丸尾　「食は無限大」って、いい言葉だと思います。それでは最後に、寺阪さんが日頃から大切にされている言葉があれば、教えてください。

寺阪　私たちのグループ全体のコンセプトは〝食を通じて人生を彩る〟ということなんですね。それはもちろんお客様にとって楽しいとき、何か記念日だったりとか、誕生日で来ていただくこともあれば、悲しいことがあったときであったり。ここに来て、お店に来てもらって、その人たちの人生を少しでも華やかに彩れたらと考えています。

そして、お客様だけではなくて、働くスタッフ全員が、働く上で自分にとって大事なものが見つかったり、自分の目指すものができたりだとか、何か価値あるものを見つけられたりとか、関わる人たちの人生を彩れたらと思います。その中で、雇用をたくさん生んでいきたいですね。

寺阪　渉（てらさか　わたる）
1986年津山生まれ。高校卒業後、ブライダルの専門学校へ進学しブライダル業界へと進む。神戸、大阪、東京とブライダルの最先端を学び経験したのち、自分で飲食店をするためレストランへ転職。厨房で料理の基本を学び津山にて飲食店をオープン。２０１３年 Okayama Table TERRA イタリア料理。２０１５年 Steak&Wine Bocci ステーキハウス。２０１８年 The Hills House Tsuyama ウエディング会場。

Okayama Table TERRA

喜楽が集う気取らないイタリアン。家でもなく仕事場でもないもう一つの場所～ third place ～としてお客様をお迎え。新鮮な野菜や旬の食材、店内の雰囲気や接客、音楽や照明にこだわり、価格以上の価値を見出す。「喜び」「楽しさ」そして「笑顔」が集まりスタッフ、お客様の作り出す臨場感。TERRA でしか出来ない体験が体感できる場づくりを行っている。

津山市志戸部６９０―６

http://okayama-table-terra.com/

Steak&Wine Bocci

「人」が集まるのは料理だけではない。10年以上ホテルの鉄板焼きで調理を務め技術を磨いたシェフによる極上の一皿。城下町津山で一流を体感できる。そんな場所を目指している。追求することはシンプル。肉を食べたお客様に「美味しい！」と喜んで頂き、当店で過ごした時間を楽しかった、また来たいと思ってもらえる事を日々追求している。

津山市山下49田中ビル1F

http://bocci-tsuyama.net/

丸尾 お話を聞かせていただきありがとうございました。お客様、スタッフも含め関わる人たちの人生を彩るという理念にとても感銘を受けました。食を中心に置いたこれからの展開がとても楽しみです。寺阪さんは、大阪からＵターンのかえ〜る人でした。

取材日：２０１７年12月14日

撮影地：Steak&Wine Bocci

岡山県津山市

アートインク津山インキュベーター　山田邦明

おもしろきこともなき世をおもしろく

丸尾　山田さんは今、いろんなことをされていて「何をしています」と言い切るのは難しいと思うのですが、やられていることを教えてください。

山田　メインは西粟倉村にあるエーゼロ株式会社の取締役をしています。そこの業務はちょっと多岐にわたるのですが、ウナギを育ててみたりとか、家をつくってみたりとか。地域向けのコンサルティングや、メディア事業を行っている会社です。

丸尾　エーゼロといえば、もともと「西粟倉森の学校」という会社でしたよね。何か他にもいろいろ活動されていますね？

山田　あとは、ここレプタイル株式会社が運営するアートインク津山のインキュベーターをやらせていただいたり、津山高専の非常勤の先生もさせていただいております。

丸尾　なるほど。津山高専では何を教えられていますか？

山田　学科横断授業というものなのですが、４つの学科があって、各学科から何人かずつ参加する授業です。そこでのテーマは基本的には何でもよくて、今回はオープンデータを利用した、「地域課題の解決」についてでした。

今回、学生さんたちと話して決まったのは、基本的には照度問題です。「津山って暗いよね。暗いのどうにかしたいよね」って学生さんたちから課題が出てきたので、それはどうやったら解決できるの?というのを自分たちで考えて、それをオープンデータと絡めることで解決するというワークを行いました。

丸尾 カリキュラムがあるのではなく、一緒に生徒と考えていくような感じの授業ということですね。

山田 オープンデータというところだけ、今回大きいテーマがあったので、情報の収集と情報の出力ですよね。その両方ができることが前提だったら何でもよいという形でやっていました。太陽光とかいろいろあったんですけど、基本的には放置自転車に自発的に蓄電できる仕組みをつくって、それを各学校の入学者に配るような仕組みを考えているという状態です。この間、津山市に発表を行った際に新聞・テレビなどにも取り上げていただきました。

地域課題を楽しく解決。グループヨンゼロ

丸尾 最近活動されている「グループヨンゼロ」はどういった感じなのですか?

山田　いろいろな考え方があるんですが、基本的に楽しく生きていきたいじゃないですか（笑）。楽しく生きてきた結果、周りの人が幸せになったらよいなと思っていて、そういう活動をしたいと思っています。そのような思いから集まったメンバーがいて、例えばこれを解決したらみんな楽しくなるよねというような、津山や岡山県北の課題を見つけて、その課題に対して何かができたら自分たちも楽しくなるよねと。

日に日に人が集まる場所の企画だったり、最近運動していないからといって運動会をやってみたりとか。あと今度はボランティアを企画して

います。――でもボランティアというと、誰かのためにみたいな感がすごくするんですけど、もっと何かゲリラ的にやろうよみたいな感じで、今考えているのは、津山市阿波の〝雪かき〟なんです。

「雪を取る」というのが基本的には目的なんですが、行く人たちは〝かまくらをつくる〟という目的なんです。かまくらをつくって、「すみません、そこの雪をもらっていいですか？」という仕組みになって、かまくらで夜にライトアップしてきれいにするというのをやりたいなと思っています。そういう活動を定期的にやっています。

丸尾　雪かきといったら、雪を邪魔なもの、危険なものとして処理するイメージですが、そうではなく、〝かまくらをつくる〟というと、楽しいイベントになりますもんね。

山田　来ている人たちはもう、ただただ楽しめばいいかなと思っているので、そういうことをこれからもやっていきたいですね。

丸尾　おもしろいですね、普通に。

山田　そうなんですよ。おもしろいと思わないと、やっぱり人は動かないので。危機感で動かすのは、何かちょっと違うなと思います。人口減少するけど、合コンいっぱいしたいという人がいっぱいいて、結果、子どもがいっぱい生まれるみたいな、何かそういうのがしたいんですよ（笑）。

中学のころ目が死んでるねと言われ、高専を受験

丸尾　なるほど。それは本質な気がしますね。山田さんは弁護士でもあって、ちょっと異色の経歴だとお聞きしています。高校が津山高専。今から考えると、何か高専っぽくない感じがありますが（笑）。

山田　本当、何でなんでしょうね。

一応その頃は、僕は反抗期だったんですよ（笑）。あと、世の中に対して不満がたくさんある子だったので、世間に対して憤りを感じていたんですね（笑）。

中学時代はサッカースクールに入っていたんですけど、若干いじめ的なというか、先輩に嫌われていました。生意気だったみたいですね。試合のときに先輩を差し置いて出たりとかしたので。一方で先生受けはいいんですよね。だから一番嫌われるんです（笑）。もうやめようと思ったのが中学2年生のときで、やめた当時、学校には行っていたんですけど、「目が死んでるね」と担任の先生に言われ、こいつは何て酷いことを言うんだと（笑）。

その中2のときの先生が、「お前が目が死んでいるのは、お前に目標がないからだ」と

いうことを言ってくれて、津山高専を受けてみないかと言われて、過去問をバッと5年分もらったんですよ。

で、言われたから問題をやってみて、全然おもしろくなかったんですけど、解けないとイライラするから、自分で調べてやるようになったりして、反抗期で1年間口利いていなかった両親とも、わからないところを質問することで話せるようになり(笑)。

やっているうちに、高専の勉強に結構ハマったたし、そのまま入学しました。プログラミングとか、そもそもインターネットとか、当時は学校に1台パソコンがあるか、ぐらいの

時代だったんですけど、確実にこれ「来る」だろうなと思ったというのもありましたし、というので入りました。

日本で一番難しいと言われる試験を受けようと決めた理由

丸尾　津山高専に入ってからはどうでしたか？

山田　そうですね。津山高専は一応共学なんですけど、女の子があまりいないじゃないですか。「なぜちゃんとした共学に入らなかったのか？」ということを日々ぶつぶつ言いながら過ごしていました。

要領がよかったので、成績は先輩の過去問もらって勉強するだけで普通に進級ができていたんですけど、正直つまらなかったんで、ちょっとそろそろちゃんと何かしようかなといったタイミングぐらいで彼女ができたんです。

津山高校の子で、可愛い子だったんですけど、その子が大学受験で神戸の大学を受けるということになって、数学が苦手だというから、教えてあげたりとかしていました。その子が大学行っても続けていこうねと言った矢先……大学入学してすぐの4月20日に振られるというのがあり。そこからまた僕の人生的には低迷期に入り、また目が死んでいたらしくて（笑）。

丸尾　まだそのとき山田さんは津山高専の4年ですね。

山田　特にまだ何するかも決めていなかったんですけど、そのときに、自分はなぜこんなに凹んでいるのかと。夜中辛くて走りに出ているのかと（笑）。

深夜のジョギングで、疲れ果てて寝るみたいな生活をしていたんですけど、なぜかなと考えたときに、中学校のときの先生の当時の言葉を思い出し、目標とかやるべきことがないからだということに気付いて、じゃ、日本で一番難しい試験を受けようと思って決めたのが弁護士なん

です。

大学では経営を学び、ロースクールへ

丸尾 高専から弁護士って、あまりイメージがないですね。

山田 「ちょっとなってみよう」みたいな（笑）。でも何か、どうせ苦しいんだったら、自分で選んだ苦しさの方がいいと思って。そっちで行こうと思いましたね、そのとき。そのために、大学入って、大学院に行って弁護士になろうと決めて、大学受験を決めたんです。筑波大学の3年次に編入をしました。

丸尾 なるほど。それからは弁護士の勉強をしていたんですか？

山田 弁護士という日本で一番難しい試験を受けようと決めたときに、じゃ、どうやったらそれに合格することができるのかと考えて、ロースクール（法科大学院）というところを卒業して受けるということが決まっていたので、ロースクールに入るためには大学卒業資格が必要で、大学卒業資格を得るためには、今だったら高専から編入試験をするしかないなということで、この順番で考えました。

そのときは法律の勉強をしようかなと思っていたんですけど、結局、ロースクール（法

科大学院）で2、3年法律の勉強をするんだったら、それ以外のことをやっておきたいなということで、経営工学科を選び、経営学を学んでいました。会計とか経営ですね。企業というものを数字で見たいなとも思っていたので。そういうことを学んだ2年間ですね。

丸尾　そしてその後にロースクールに進まれたということで、それが京都。京都大学の法科大学院。そこは何年ぐらい行くんですか？

山田　ロースクールには既習コースと未習コースというのがあって、既習コースは法律を勉強したことがある人、未習コースはしたことがない人で、ぼく未習だったので、3年ありました。3年して卒業した年の5月に司法試験があるんですよ。だから最低でも4年か3年半ぐらいいることになって、僕1回落ちたんで、結果4年半京都にいました。

丸尾　京都のときはもう本当に弁護士の試験の勉強を。

山田　していましたね。もう絶対できないですけどね、あんなに（笑）。

　僕は流されやすいということがすごくよくわかったので、遊ぶことは基本的にあまりするのをやめようと思っていて、あと何かでコントロールしないと、すぐ怠けちゃうので、ストップウォッチを常に横に置いていました。集中して勉強しているときだけカウントして、例えばトイレ行くときとかは止めるし、今集中してなかったというときはちょっと戻すし、みたいなことをやって、それが10時間になるというのを1個のくくりにして、1日10時間で1000日やろうみたいな。だから1万時間やりました、確実に。だからまあまあ、それは受かるよね、みたいな（笑）。

ベンチャー企業の株式会社アカツキへ

丸尾　その後で弁護士になられてということですけど、その次は？

山田　その後1年間司法修習生というのがあって、弁護士、裁判官、検察官などの実務を見るんですけど、それを千葉でやったんですね。同時にシェアハウスにも入ったんですけど、その修習の生活で見た弁護士とか検察官とか裁判官に、まあビックリするぐらい興味が持てなくて、「これ違うな」感がすごくて。こんなことをやっている場合じゃないなという気持ちがすごかったですね。

丸尾　弁護士は、一番難しい試験をとるぞ、という気持ちだったけれど、実際の実務を見てみると、何かちょっと自分じゃないかなと。

山田　僕以外優秀な人がいっぱいいるし、その人たちが頑張っているから任せればいいやという。その後一応弁護士事務所に入りました。そこでは、一般民事刑事含め、全部やるんですけど、主たる業務はベンチャー企業支援でしたね。

僕が最初にやった刑事事件は、ヤクザの時計を盗った風俗嬢の事件なんですけど、「ちょっと違うな」っていうのがありました。全然それ自体は大事な仕事なんですけど、その子が親にお金とか出してもらって、「絶対更生するよ」みたいなことを涙ながらに宣言した後に、結局逃げちゃったみたいな、そういうのを見ると「ああ、俺の生きる道はここじゃないなー」と。

自分の至らなさもあるんですけど、そこに自分の人生を使いたいかというと、多分そうじゃないなと思ったので、そっち側は全部やめようと思って。で、ベンチャー企業支援の方に集中していきました。

その中で、筑波大学の同級生がつくった「株式会社アカツキ」という会社があって、その会社を手伝うことになったんです。そうしたらそこはすごく前向きな人たちの固まりで、その前向きな人たちが、ちょっと法律のことや制度のことでうまくいかなくて伸び損ねているみたいなのを見るのがすごい嫌で、これ何とかしたいなと思って、そこに転職したんですね。

株式会社アカツキのＩＰＯ（株式上場）

丸尾　株式会社アカツキはゲームの会社ですよね。

山田　そうです。最近だったらいくつかヒット作も出しているので、よかったら見てみてください。

丸尾　アカツキはその後上場することになるんですけど、当時はどのくらいの段階だったんですか？

山田　僕が関わるようになったのは、20人ぐらいの時でしたね。今は３００人ぐらいなんで、15倍ぐらいになっているんですね。おおすごい。

丸尾　弁護士として入社されたということなんですか？

山田　そうですね。法務業務を最初やりました。ただ、僕自身も経験が少なく、いろんなところに聞きながらやっていきました。契約書のチェックとか、社内規定とかもですけど、つくっていったというのが最初です。

丸尾　その後、ＩＰＯ（株式上場）になると、それだけ法務の仕事もめちゃくちゃ増えてきますよね。

山田　そうですね。ただ、どっちかというと、法務の仕事はルーティン化できたんですよ。こういうふうにやればいいという形にはできたので、そこは早目に手放し、他の方に任せていきました。そんな中ＩＰＯ（株式上場）のための業務だけを集中してやるタイミングが来て、それは基本的には証券会社さんと監査法人さんと、財務局とかいろんな関係者がいるんですけど、その人たちの調整と、その人に出せと言われる資料をつくるというのが担当業務でした。ただただそれだけをやっていました。

丸尾　上場を経て、その後、地元である津山に戻ってこられる形なんで

すよね？

山田　そうですね。上場して戻るまで、結構フラフラしてましたね。やめることは早目に言っていたんですが、その後何をするかはあまり考えていませんでした。

すごくいい会社だし、メンバーもすごい気持ちのいい人ばかりで、それをつくっている文化自体もかっこいいなと思ってましたし、ただ単に居心地よかったんですよね。ただ、ここまでは、いい意味で流されて生きてきたので、1回ゼロリセットしたいなと思いました。

今持っているものは、いろいろな人からもらったものだったりがいっぱいあるんですけど、弁護士とかもそうですし、ベンチャー企業のＩＰＯしましたみたいな、そういういわゆる成功体験みたいなやつを全部1回無しにして、結局何か残したいものはないかなと思ったときに、友達と家族とかというのと同列ぐらいに地元というのがあったんですよね。

だからちょっと帰ろうかなと。ただ、そのときはまだ何も決まっていなかったですね。生きていけるのかみたいな。だけど実家に住んで、維持費がほぼゼロになれば、今の貯金で1年ぐらいは生きていけるだろう、みたいなことを思って。最悪その1年間何もならなかったら、東京にもう1回就職しにこようと思ったので、そんなに怖くなくて、1

回やめようと思ったのがそのときですね。

シェアハウスはめちゃくちゃおもしろい

丸尾 先ほど「シェアハウスに入られた」と言われたんですけど、どういう感じでしたか?

山田 ここが一番熱く語れるぐらいなんですけど。2つのシェアハウスに入居したんですが、両方とも人数が多くて、入居者が100名と180名。

丸尾 すごく大規模ですね（驚）。

山田 （笑）そうですね。今、「ソーシャル・アパートメント」という概念でやっているみたいなんですけど、これが本当によくて、両方ともオープニングぐらいで入ったんですね。

だからこそというところもあったんですけど、そこに集まる人たちは本当にいわゆる「何かしたい」人たちが多くて、肩書だけで見てもいろいろで、お医者さんとか会社経営者とかもいるんですけど、そういうところでの、誰かがおもしろそうなことを思いついて、それを実行して、そのフィードバックもらってという生活をしていたんですね。

遊びのイベントもそうですし、ちょっと社会的意義のあるようなイベントも。１００人とかで集まって、全員が参加するわけじゃないですけど、50～60人が1個のことをやると、やっぱり一つの力になるんですよね。そういうのを見て、何か変わった姿を見るのはすごく楽しかったので、ここでの生活は今の活動に活きていると感じます。

丸尾　そこで生活されている方たちと話す機会がたくさんあるんですよね。

山田　そうですね。コミュニティースペースが1階全部で、上に個室の部屋。コミュニティースペースに行ったら誰かいて、話しているうちにみんな仲よくなってくると。

丸尾　結構何か一緒にやろうよとか、議論したりとかもあるんですか？

山田　おもしろかったのは、ほぼ悪ふざけなんですけど（笑）、男だけでディズニーランドに行って、白シャツ、チノパンでミッキー帽子をかぶって行って――ちょっと「モテた」でインターネット検索しておいてください。

そういうのをやったりすると、男子ディズニーというブームがそこから生まれたりとか。今あるんですよ。絶対その「はしり」だと思っています（笑）。１５０万人ぐらいの人に見られたんです、友達が書いた記事なんですけど。

【参考】男だけでディズニーランドに行ったらモテたお話

http://blog.nzakr.com/disneyformen/

丸尾　すごい。思ったより人数いました。

山田　男の人数感。これ、21人。

丸尾　声かけられたりしたんですか？

山田　めっちゃ声かけられましたよ。女の子たちが「一緒に撮ってください」って。もう死ぬほどモテましたよ、これ。

丸尾　何かそういう軽いノリから、社会課題に通じるものもあったりとか、いろんなレイヤーのものが生まれてくるような場所なんですね。

山田　一番大事だったのは、やっぱりやっている本人たちがおもしろかったんですよね。おもしろいからアイデアも出るし、自分たちでここまでやり切りますみたいなコミットをちゃんとするし、やらされている感がなかったので。結果、すごいおもしろいことになっているというのが、多分今の行動にめっちゃ活きているんですね。

あと、そのシェアハウスに産婦人科医の同級生がいたんですけど、その人が、年頃の女の人たちがたくさん住んでいるので、その人たちの質問にただ答える、みたいな感じのイベントをやっていました。

それが、どんどん聞く人が増えていって、みんながいかに正しい知識を持っていないというか、正確な知識が得たいのに、ネットでは手に入らないし、お医者さんにわざわざ行くというのはハードルが高いという人たちがたくさんいて、そういう不安がいっぱいあるんだなという気持ちがわかるようになって。その子は最終的にはＮＰＯ団体をつくって、今も結構活動されていたりしますし、シェアハウスはそういうのが生まれる場所ですね。

【参考】ＮＰＯ法人親子の未来を支える会
http://npofab4.wixsite.com/fab-support/about-us

丸尾　普段の生活の疑問とか不安とかも共有するのですね。

山田　子ども欲しいけど、例えば仕事と両立できるの？　みたいなことはネットで調べたらいろんな意見があるじゃないですか。でも別に専門家の意見でも何でもないし、どれを信じていいかもわからないというようなのをフラットにぱっと聞ける場所があって、それからいろいろ解決したりできますよね。

そういう意味でいうと、弁護士である僕に対してもそういう質問がいっぱいあって、それはこういうふうに解決していけばいいんだよという、最初の一歩を踏み出しやすい場所でもあるんです。そういう文化がそのシェアハウス一棟一棟、いろんな色があるんですけど、すごく楽しかったですね。

丸尾　さっき言われたように、経営者とか医者の方もいらっしゃったと。ITベンチャーとかエンジニアとか多そうではありますよね、イメージ的に。

山田　そうですね。ベンチャー系の人も多かったですが、どっちかというと、大企業で3年ぐらいやっていて、自分の仕事が当たり前にできるけど、人生このままどうすればいいんだろうと思っている人が多かったです。そういう人が好き勝手に生きているベンチャーの人とか、フリーランスでやっている方とかと会って、すごい数の人が退職しました（笑）。退職率の異常に高い空間でしたね。新しい人生を踏み出す人がすごく多かったです。

丸尾　何かめちゃくちゃおもしろい場所ですね。

山田　おもしろかったです。あれは絶対入った方がいいです。

言語化が難しい、津山に戻った理由

丸尾　そして、株式会社アカツキを経て、津山に戻ってこられました。先ほど言われたように、やっぱり故郷はポイントだったのでしょうか？

山田　それは、結構言語化が難しくて、そもそもエーゼロ株式会社の代表取締役の牧大介さん（株式会社西粟倉・森の学校の創業者）に東京でお会いして、「一緒にやらないか？」みたいなことを言ってもらって、そちら側も併せて興味を持って進めていたんですけど、そっちはそっちのおもしろさがあって、地域という資源をどれだけうまく使って、価値あるものをもう一度ちゃんと価値あるものに位置づけ直せるかということに挑戦している会社で、僕はそれはすごく好きだし、それをやっていきたいですし、やっていて楽しいなという気持ちはあるんですよ。でも、それとここ津山市というところに帰ってきたというのは、ちょっと違うかなと思っていて、これはこれでいいんですけどね。津山市は何なんでしょうね？　本当に（笑）。

すごいいいものがあるから戻ってきたという気持ちは全くなくて、むしろ面倒くさいところが多いですし、僕が新しいことやろうとしたときのいわゆる批判とかがすごい（笑）。何かいまいちうまくいかないことも多いし、向こうだったらもっと楽しくできたのにと思うこともやっぱり多くて。

むしろ僕が楽しく生きていくというのが、結構コアに多分あって、この「楽しい」というものの種類の中に、例えば一つは家族とか、両親とか、おばあちゃんとかと一緒に、今まで1年間に1回会えたらいいぐらいの人たちと一緒に生活するというのは、多分「楽しい」の中に入ってくるので、そういうのはすごく大事にしたいんですよね。あと、最近子どもが生まれたので、子どもと一緒に生活するというのは、僕の人生の中の相当上位の優先順位なので、その子との時間を大切にしたいです。

「イクメン」っているじゃないですか。僕、あれは全員うそだと思うんですよ。育児「サポート」しますと言うじゃないですか。いや、当事者だったらサポートという言葉は出ないだろうってすごく思うんです。最近いろいろ記事とか本とか読んでいますけど。じゃなくて、自分が当事者なんだったら、サポートという言

葉じゃなくて、自分がやっているんだから「助ける」とかじゃないじゃん。という気持ちがあって。

そんなふうに思えたのは、今、エーゼロの方の仕事も、場所と時間の融通が結構利く仕事なので、日中は子どもと一緒にいれるんですね。子どもと一緒にいられる時間ができたから、そういうことにも気付けて、大切にしたいと思っているものを大切にしている状況がつくれているんですね。これがちゃんと僕自身もできるようになって、周りでそういうふうにできていないけど、そうしたい人たちが、どんどんそういうふうになっていけたらいいなと思っています。

今の世の中へのその人なりの合う形みたいなのを一緒につくれて、その合う形の中で、ちょっと言い方あれですけど、その人らしく生きていけるような状態がつくれたらいいなというのを、ここ半年か1年ぐらいでずっと考えていました。

みんな自分の最大化が、世の中にとっても最大の価値

丸尾　アートインク津山でのインキュベーターもそういった仕事ですよね。

山田　そうですね。ここに来た人たちも新しくお金が生まれるような仕組みをしっかり

つくって、みんなが、言うなればハッピーに生きていければいいなと思っています。
何かそういう状態をつくるために、いい意味でこのインキュベーターという仕事は利用させてもらいたいですし、自分自身も、ここを、アートインク津山という——場所だけじゃないんですけど——ところを使って、そういう人たちが集まれる場所をつくりたいなというところに、何か今すごい熱量あります。すみません、熱くなってしまいました（笑）。

丸尾　本当に東京で働いていたときよりも、今は結構働く時間も短くなっていますか？

山田　時間は短いですね。ちょっとこれも考え方が変わったんですけど、ちょっと前まででだったら、仕事をうまくやるために、他のことをいかに効率化するかみたいな考え方だったんですけど、今は、自分の楽しみとか、自分に関わってくれている人たちの幸せを最大化するために、どういう仕事をすればいいかというふうに考えるようになりました。
この転換が結構大きいかなと思って。仕事とかって一個の自己表現なんで、楽しいっちゃ楽しいんですよね。時間使えれば使えるだけ。なんですけど、それだけやっていたら、他がおろそかになっちゃって、それって本末転倒だなと思っていて。幸せを大きくするために仕事もあるし、家族もいるし、友達もいるしというふうになっているんだなって気付いたので、時間の使い方を変えていきました。

やっぱり個々人、一番抽象度高く言うと、幸せだったらいいんですよ。どんな状況でも幸せだと感じている状態がつくれているんだったらいいんですよね。それは人によっては、自分で事業起こして、自分がやりたいことだけやるという状態なのかもしれないですし、他の人にとっては、誰かこの人いいなという人のもとで、自分ができることを一生懸命やるということかもしれないので、そういういろんな人の自分にとっての幸せというのをまず認識してもらえる場所、みたいなのがつくれたらいいなと思っているんですよね。

丸尾　創業や就職もその他も、いろ

んなやり方があって、その中で人それぞれ、多分自分を最大化するところに行きつけるのが一番よいのかなと思いますね。

山田 そうなんですよね。ただ、やっぱり今の言葉、おっしゃられたように、自分の最大化が多分、世の中にとっての最も価値のあることだと思います。その自分の最大化というのは、自分の心の状態がすごくハッピーな状態じゃないとなされないと僕は思うので、ハッピーな状態になってくれるといいですね（笑）。

丸尾 言うと軽くなっちゃう（笑）。

山田 「みんなハッピー」（笑）。

地域にうまく受け取ってくれる人がいれば、カタチになる

丸尾 これからチャレンジしていきたいのは、まさにそういうところでしょうか？

山田 今もし誰かが何かをやろうと思ったときに、その人は、どこにそれを持っていけばいいか、誰に話をすればいいか、わからないんですよね。

何かちょっとしたいなとか、これ興味あるなというときに、地域に誰か一人、それをうまく受け取ってくれる人がいるだけで、それは何かのカタチになると思うんですよ。で

も、それを否定する人に最初に相談してしまったり、誰にも相談することができなかったら、それはそれで消えちゃうんですね。抽象的な言い方になりますが、今誰かが思いついた種というのをちょっとでも芽生えさせていくということがしたいです。

本当はこの津山にいる10万人とか、県北にいる多くの人全員が幸せに生きていけるような仕組みを作ればいいんですけど、それはまだ次の段階だなと思っています。今はまず、既に何かやりたいことを持っている人たちを対象に、アクションしていきたいと思っています。

それがこのアートインク津山というところに対して興味を持ってくれているような人だと思っています。なんでアートインク津山でのインキュベーターという仕事を結構気合いを入れてやりたいですね。

無理に高い熱量ではなく、人の内側にあるものを大事に

丸尾 最後の質問ですが、山田さんが大事にされている言葉があれば、教えていただきたいのですが。

山田 そうですね、その時々でめっちゃ変わるんですよ（笑）。僕変わること自体いいと

思っているんですけど、最近は「おもしろきこともなき世をおもしろく」という高杉晋作の辞世の句なんですけど、それがめっちゃ刺さっています（笑）。

「つまんないな」と言っている人って、やっぱりその人のメンタリティだと思うんです。おもしろいなと思っている人って、常にどんな状況でもおもしろがっているので。だからおもしろくない世の中だなと思って、「おもしろくない世の中ですね」と言うんじゃなくて、それをおもしろくしようよという生き方がかっこいいなと思っています。なので、それが今ここ3日ぐらいの座右の銘です（笑）。

丸尾　ちょっとでも自分がおもしろくしてやろうとか、どうやったら変わるか?という、疑問のレベルでもいいんですけどね。それを持っている方をまずはベースに変えていけたらよいですよね。

山田　やっぱり温度が既に高い人から、今はまだそんなに高くない人に広がっていくと思うので。最初はそこの温度が高い人と一緒に、もっと熱量上げていけたらいいなと思いますけどね。無理やり高い熱量でわあっとやるんじゃなくて、その人の内側で静かに燃えるものをちゃんと大事に育てていけたらいいなと思います。

そういう人こそが本当に熱量高い人だということだと思います。外からは見えにくい、すごい低血圧系の人だとしても、やっていることは明らかに自分の核に基づいたことをやっていたりするので、そういう人と絡んでいきたいですね。

おもしろいというのも、funnyとinterestingと、いろいろあっていいと思いますし、本当にただただ植物を見るのが好きな人で、それだけをし続けられたらお金は何も要らないという人がいたとしたら、それはそれでいいじゃないですか。素晴らしいですよ。

僕がやるのは、その人が、そのような理想の生活ができるような状態を一緒に考えたいんですね。

無理やりビジネスにするとかじゃないんですけど、こういう家に住んで、こういうふうに自動でお金が入ってくる仕組みができたら、その生活だけできますよ、みたいなのを一緒に考えられたらいいですね。

山田邦明（やまだ　くにあき）
岡山県津山市出身。京都大学法科大学院修了後、弁護士経験を経て、株式会社アカツキに参画しIPO業務を担当。一度ゼロになるために、仕事や住んでいるところを手放し地元津山へ帰郷。地域にあるモノ、ヒトの本来の価値を見つけ、引き出すためにエーゼロ株式会社に参画。エーゼロ株式会社取締役。レプタイル株式会社インキュベーター。津山高専非常勤講師。岡山県津山市にて、好きな仲間と好きなことをモットーに、地元支援や地域文化のため、幅広く活動している。また、自身の「きりくちぶろぐ（http://www.kirikuchi.net/)」というブログで日々情報、考え方等の発信を行っている。
Twitter：@kun1aki

インキュベーションセンター　アートインク津山
岡山県津山市田町23

丸尾　お話を聞かせていただきありがとうございました。シェアハウスや、ベンチャーIPOの経験などとてもおもしろいお話でした。津山に戻った理由は言語化が難しい。私自身も東京から津山にUターンしましたが、理由を言葉で明確に表現しようとすると難しいと感じます。それが故郷ということなのでしょうか。これからの岡山県北地域での取り組みにも注目です。山田さんは東京からUターンのかえ〜る人でした。

取材日：2016年2月3日
撮影地：アートインク津山

岡山県津山市

株式会社笏本縫製　専務取締役　笏本達宏

生まれ育った地域から、全国に発信するネクタイブランドを

丸尾　笏本縫製は、現在はネクタイブランドとしてSHAKUNONE（笏の音）を展開されていますが、もともとはどのような業務をされてきたのでしょう？

長年、有名ブランドのネクタイを製造

笏本　笏本縫製は長年、有名ブランドネクタイの下請け製造を主な仕事としてきました。男性だったら誰でも1本は持っているような有名メーカーのものをつくらせていただいています。

丸尾　ネクタイ製造の工程というものは、どういったものがあるのでしょうか？

笏本　まず、生地は山梨や京都から入ってきます。受託の製品も自社の商品も全部生地が反物で入ってくるので、まず検反《けんたん》といって、生地に傷がないかなどを全て確認した後に裁断をします。その後、実際の縫製作業に入り、ミシンがけ、機械かけ、プレスがけ、それから手作業、検品など様々な工程を経て出荷します。

オリジナルブランド『SHAKUNONE（笏の音）』

丸尾　笏本縫製としてオリジナルブランドであるSHAKUNONE（笏の音）を立ち上げたのはどういった経緯からですか？

笏本　私たちは長年、受託生産という形でネクタイづくりをやってきました。私たちのつくった商品が工場から出荷した後も、様々なプロセスを経てお客様の手元に届くという状態に何の違和感も持っていなかったんです。

しかし、もっと良いものをつくりたい、もっとお客様に喜んでほしいと考えたときに、私たちの仕事が〝下請けのみ〟ということに少し違和感を持つようになりました。お客様の良い声も悪い声も、全く聞こえてこないということに気付いたのです。

お客様のためにネクタイをつくっているのに、このままではお客様の意見を直接聞くことができない。そこをどうにかしたいと思い立ち上げたのが「SHAKUNONE（笏の音）」というネクタイのオリジナルブランドです。

New Plane

縫製の道に飛び込んだキッカケ

丸尾　笏本さん自身が、ネクタイをつくるようになったきっかけを教えていただけますか？

笏本　以前私は美容師をしていたのですが、現社長である母親の体調が悪くなってしまったので、美容師をしながら家業を少し手伝い始めました。その時、ここにある製造したネクタイが、有名メーカーの商品、有名ブランドの商品であることを初めて知ったんです。

丸尾　それが、お幾つのときですか？

笏本　21歳ぐらいですかね。美容師を始めて3年目ぐらいです。学生時代に剣道をやっていて、ずっと坊主頭だったので、髪の毛をいじる仕事への憧れを捨てきれなかったんですよ（笑）。美容師になったときもそうですが、自分のなかの「これをやりたい」という気持ちに忠実に行動することが正しいことだと思っています。

コンセプトは「声を形にするネクタイブランド」

丸尾　改めて、ネクタイブランドSHAKUNONEのコンセプトを教えてください。

笏本　コンセプトの一つとしては、「声を形にするブランド」ということです。〝お客様に真に寄り添う〟ということは、〝お客様の声をそのままカタチにすること〟だと思います。答えはお客様が持っていると考えているので、お客様一人一人のご意見をしっかり取り入れたネクタイをつくることが、私たちのミッションです。

そしてもう一つは、SHAKUNONEは男性のための素敵な共演者になりたいという想いがありますので、「あなたの素敵な共演者」をコンセプトにしています。昔は1年中ネクタイを結ぶのが当たり前でしたが、今ネクタイは〝あえて結ぶもの〟というように価値観が変化してきています。〝あえて結ぶ〟からこそ、お客様がより魅力的になるようなネクタイをお届けしたいのです。

私はいつも、「ネクタイは一人の男性のスタイルを整える素敵な共演者なんですよ」とお伝えしています。いかに一人の男性を格好良くするのかが、私たちの使命だと思っています。

人がつくって、人に届けるということ

丸尾　印象に残っているお客様とのやりとりなどはありますか？

笏本　東京で出展していた際に、銀座で料理屋をされている方がご夫婦で来られました。ご主人が3本ネクタイを見られたあと、別のスタッフに「このネクタイつくった人いる？」と声をかけられました。それで私が話をしたんですけど、最初は怒られるのかなと思ったんですよ。少し〝こわもて〟の方だったので（笑）。

そのご主人が言われたのが、「見ただけで分かった」と。「君がどれだけの想いを持ってつくったのか、見ただけで分かった」とおっしゃいました。「この3本の中でどれが良いか迷っているから、君が私に似合うと思うものを選んでくれ」と言われたときに、すごく感動しました。

言葉じゃなくて、ネクタイを見てもらって、ちょっとさわってもらっただけで感じていただいたというのが、強く印象に残っています。そのご主人とは今でも交流があり、東京での百貨店進出のときにも応援に来てくださいました。

丸尾　それは感動しますね。それこそ受託製造ですと、そんなことは絶対にあり得ない

ですもんね。

笏本　あり得ないです。受託製造では「技術的に効率がいいね」等は言ってくださるんですけど、1本のネクタイがお客さんに感動を与えられるというのは、全く想像していなかったことでした。

さらに、そのお客様に言われたのが、今の気持ちを忘れちゃ駄目だと。「料理は素材があって、調理があって、お客さんに食べていただくんだけど、材料を生産した野菜の農家の方、お肉を育てた畜産の方がいる。口に入る材料には豆一つにしても、そこに必ず人が関わっている」と。

「ハイテクな機械があっても、必ず人が関わっている。その〝人〟というものを君は魅力的にする仕事をやっている。人がつくって人に届けるということ。これを絶対忘れちゃいけない」と言ってくださってから、それが自分のバイブルになっています。

体のど真ん中にあるネクタイだからこそ

丸尾　効率化や薄利量産でどれだけ利益を残していくかという流れがある中で、SHAKUNONEは1本1本

丁寧につくっていますよね。

笏本　時計や財布、携帯電話やベルトなど、男性が身に着けるものの中でネクタイが唯一違うのが、男性の体のど真ん中にあるということなんです。第三者的に見たときに、第一印象となるかなり重要な部分が、ネクタイが存在するVゾーンになります。

そこに対して手抜きをするような仕事は絶対したくないという想いがあります。結んでくださる人の価値が少しでも上がるような、その人の士気を高められるようなネクタイを送り出していくということを大切にしています。

クラウドファンディングで感じた「伝える」ことの大切さ

丸尾　以前、「日本一若いネクタイ職人の挑戦」というプロジェクトでクラウドファンディングをされていましたよね。今までのネクタイ産業として、クラウドファンディングを使うというのは、あまりない発想なのかなと思っていて。

笏本　そうですね。全国的にも、ネクタイ産業で考えると2例目です。僕がクラウドファンディングをやることを知った方々からは、ネクタイ1本でクラウドファンディングの目標達成ができるわけがないと言われました。そんななかで始めたので、僕も当然不安はありました。
　ただやっぱり、自分たちの想いをストレートにぐっと押し出してやってみると、伝わるということがわかりました。関係者や県内の方々がたくさん支援してくださいましたし、意外と県外の方からの支援もいただけたので、あのクラウドファンディングはすごい成果だったなと思っています。

丸尾　なるほど。ローカルで170万円の支援を集めたといったら大きい数字ですし、百十数人が関わって、そのプロダクトに対してアクションを起こしたというのは良いものをつくっているからでしょうし、それを伝えるということをしっかりやられた結果だと思います。

笏本　そうですね。クラウドファンディングをやったことで、都市部の大手百貨店さんからお声がけもいただきました。「御社のクラウドファンディングを拝見しました」ということで電話をいただいたんです。

丸尾　素晴らしい！　クラウドファンディングでは伝えることが大切ですよね。

笏本　そうですね。結局、「伝える」という行為が百貨店さんの目に触れるという現象を起こしたということです。これはクラウドファンディングをやらなかったら起こらなかったことなので、やってみてよかったなと。ありきたりな言葉かもしれませんが、ど

んな結果になろうとやってみることに価値があると思っています。

日本一若いネクタイ職人として

丸尾　そもそも、全国で売られているこのネクタイが津山でつくられているということ自体、最初はすごく驚きました。

笏本　結局、かっこいいものが全て都市部でできているとは限らないわけですよ。どんなブランドの商品だって、どんな片田舎でつくっているか分かりません。地方から発信して企業価値を上げていくということは、僕らが地方で生まれたことの役割ですし、町に出れば価値が上がるというわけではないと僕は思っています。
だから、メンズファッションに関わる人間として、地方からでもかっこいいものを発信できると思っています。ブランドの世界観というのは、僕らを取り巻く環境でできるものだと思っているので。生まれた環境、育った環境、それから育ててくれた人、関わってくれた人で、僕のこの世界観ができているので、それを大切にして地方からやっていこうという想いが強いですね。
丸尾　なるほど。そういうことを見ることによってものづくりに価値を感じて、どんどんものづくりに価値を見出せる人たちが増えてきたらよいですよね。
笏本　そうですね。お客さんも当然大事にしたいですけど、僕は仲間も大切にしたい。巻き込んでいくだけの力を自分が付けていかないといけないし、仲間がいて初めてできることってあると思います。
県内外からネクタイをつくることがかっこいいんだということを思ってくださる、自分より若い世代が、どんどんネクタイ業界に参入してほしいですね。
丸尾　ネクタイ業界自体も年齢がずっと上がっていっていますよね。
笏本　そうです、そうです。だから一番じゃなくて、なるべく二番手、三番手、次の世代というのを育てていくというのも必須事項だと僕は思っているので、なるべく早く「日本一若いネクタイ職人」をやめたいと思っていますね（笑）。

お客様が主役。それを引き立てる名脇役に

丸尾　最後の質問ですが、笏本さんが日ごろから大切にされている言葉、もしくは社内などで伝えていることなどを教えていただけますか？

笏本　そうですね。僕たちの仕事って、主役になれる仕事じゃないですよということはずっと言っています。ネクタイをしない時代になってきましたし、主役でないからこそ、その人をぐっと引き立てるための名脇役というか、共演者が必要になると思うんです。

共演者が気を抜いたり雑なことをすると絶対主役は盛り立たないし、ネクタイをつけてくださるお客様が主役なので、私たちはそれを引き立てる名脇役の素敵な共演者になりましょうということをずっと言い続けています。

また自分たちが育ってきた環境を、物語として語れるようになろうとも言っています。そして全スタッフとしても、私たちがつくっているネクタイは誰に届けるためにつくっているのかということを意識して、ものづくりを続けていきたいですね。

笏本達宏（しゃくもと　たつひろ）
1987年岡山県津山市生まれ。高校卒業後、美容師の業を経て、ネクタイ縫製業に入る。大手からのOEM生産を軸にしながら2015年に自社開発ネクタイブランドSHAKUNONEを発表。2017年にはクラウドファンディングを活用した新商品開発も行い、岡山をはじめ、東京大阪などの有名店からの引き合いもかかる注目ブランドとして成長させた。

株式会社笏本縫製
岡山県津山市にある縫製会社、株式会社笏本縫製。創業から約半世紀。縫製に関わる技術とノウハウを蓄積し2015年にはオリジナルの高級ファクトリーブランドとしてSHAKUNONE（笏の音）をスタート。現在では様々なブランドや全国展開の百貨店、有名セレクトショップなどで製品を展開。
岡山県津山市桑下1333-6
http://shakumoto.co.jp/
日本一若いネクタイ職人の挑戦！　こだわりのネクタイを全国へ届けたい!!
https://faavo.jp/okayama/project/2225

日本一若いネクタイ職人の挑戦第二弾！　結びたくなるようなネクタイを創りたい
https://faavo.jp/okayama/project/2547

丸尾　お話を聞かせていただきありがとうございました。「地方からでもかっこいいものを発信できる」、「ブランドの世界観というのは、僕らを取り巻く環境でできる」といった言葉にとても感銘を受け、共感しました。これからのSHAKUNONE（笏の音）がとても楽しみです。

取材日：２０１８年5月10日
撮影地：株式会社笏本縫製

岡山県津山市

おおきな木　田崎孝平・田崎英里

『ファーム・トゥ・テーブル』生産者の想いを料理に載せて

大切なのは、〝生産者と顔を合わせたコミュニケーション〟

丸尾　津山市の阿波《あば》でカフェレストラン「おおきな木」を経営されている田﨑孝平さん、英里さんご夫妻にお話をお伺いします。ここ「おおきな木」は、どういったことをコンセプトにされていますか？

孝平　『ファーム・トゥ・テーブル』、生産者から直接仕入れた食材を調理し、お客様に提供することをコンセプトにしています。僕たちが繋がりを得た方から食材を購入して、その方の想いを料理に載せるということを大切にしています。

丸尾　例えばどういった方がいらっしゃるのですか？

孝平　主には阿波、更には加茂や久米、東粟倉の農家さんで、その方々からお野菜やお米を仕入れています。あと、最近では、まほらファームさん、勝央町の農家さん、広島の農家さんから、イチゴや桃、柑橘類といったフルーツも仕入れています。

そうやって一人ひとりから直接仕入れることで、やっぱり気持ちが入りますし、料理していて楽しいですね。

丸尾　顔を合わせてコミュニケーションがとれる、ということは大切ですよね。

孝平　そうですね。実は『ファーム・トゥ・テーブル』のコンセプトは食材だけに限らず、お店全体がそうなんです。例えば、ここで開業するときも、僕たちは大工仕事が全然わからないので、とりあえず掃除するしかなかったんですけど……。

英里　工務店に頼むとすごい費用がかかってしまうし、「ここだけお願い。あとは自分でやるから」というのができないので、どうしたらいいんだろうと。そんなとき「力貸すよ。一緒にやろうよ」と言ってくださる方と出会えて、少しずつ開業に向けて動き出しました。

孝平　そういうことも『ファーム・トゥ・テーブル』だと思っています。繋がりを持った信頼のおける人と一緒に作るという点では、お店づくりも同じだなと感じました。

英里　ワークショップ形式でいろんな人に手伝ってもらいました。「おおきな木」は、いろんな人の手によって作られているんです。

丸尾　開業に向けて動き出したというのは、いつ頃のことですか？

孝平　２０１５年の６月ぐらいです。12月5日オープンだったので、半年でガーッ！

と。ただ、「最低限ここだけは！」ということでやったので、今も工事中の箇所が随所に(笑)。

英里　私たち本当に計画性がないんですよね……(笑)。なさ過ぎて、3年後とか2年後のスパンで考えられないから、本当に行き当たりばったりで。

孝平　計画を立てるのは大事ですけど、完璧なものはできない。予測もできないし、何が起きるかわからない。「やってみて問題が起きたら、それを解決する」ということを繰り返していくと、だんだん形ができてくるものだと思っています。

震災をきっかけに、千葉から移住

丸尾　岡山に移住される前は千葉にお住まいだったということですが、移住のきっかけは何でしたか？

英里　東日本大震災です。衝撃的な出来事でした。

孝平　近しい人たちが、移住先として岡山を選んでいる方が多かったんです。それで僕たちの中にも「岡山移住」という選択肢が出てきて。

英里　私は東京出身の都会っ子なので、震災前は都会から離れることは全然考えていなかったんですけど……。

孝平　移住を決めたときは、住む場所も仕事も何ひとつ決まっていませんでした。だから岡山には、何でもやってやるつもりで来たんですよ。最初は、お店をすることまで考えていませんでした。

阿波の食材のおいしさを知り、開業

丸尾　岡山県内でも、阿波に決めた理由は何ですか？

孝平　移住先を探している過程で出会った方に「阿波というところがあ

るよ」と教えてもらって、それじゃ行ってみようかと。

英里　私、雪が積もるところは嫌だったので、「いや、ちょっと待って。私、絶対嫌だからね！」って言ったんです。そのときはまだ住むという話にはなっていなかったんですけど、既になんとなく「この人はここに住みたいと言うだろうな……」というのがわかっていました。

孝平　僕はそういう土地が好きで、憧れだったんです。だから「よおし！」って感じだったんですけど、英里さんは助手席で顔を引きつらせていました（笑）。

丸尾　「おおきな木」を開業した理

由は？

孝平　近所の方からお野菜を頂いて食べたときに、阿波で作られたものが美味しいということに気づきました。トマトってこんなに美味しいんだ、ジャガイモってこんなに美味しいんだ、と。それで、「この食材を使って自分が作った料理を提供するお店がしたい」と思い立ったんです。

田舎暮らしで〝自分が変わった〟

丸尾　移住前の千葉と今の阿波、子育ての仕方や生活スタイルは大きく違うと思うんですが、都会の暮らしと比べて、阿波で暮らすことについて何か思うことはありますか？

英里　まず、圧倒的に不便（笑）。移住してからの5年間で何度も都会に帰りたいと思いました。でも、なんとかやっていくうちに、この自然の中で地に足ついた生活を送ることに満足感を覚えるようになりました。都会では、お金を払えば便利な生活が手に入りますが、ここでは何か困ったことがあったら、誰かに助けてもらわないといけない。よくご近所さんが「大丈夫？」って助けてくれます。もちろん、自分たちでなんとかできる部分はなんとかしますが。

孝平　そう。自分でやらなきゃいけないことが格段に増えましたね。雪かきなんてやったことがなかったですし、どうしたらいいのかわからないことがたくさんあるんですよ。なので、都会で会社勤めしていたときとは全く違う思考回路になって、それがすごく楽しい。「俺、こんなところで薪割りしているんだぜ！」ということを自慢したい気持ちがありますね（笑）。田舎に来て、〝自分が変わった〟ことが一番大きいです。

英里　私はつい最近まで、都会の価値観にとらわれていたんです。定収入を得られる生活が当たり前だと思っていました。でも、この5年間

でいろいろな人に出会って価値観が変わりました。自由業の方がたくさんいて、「そんなことが仕事になるの⁉」と。自分はその道のプロだと覚悟を決めて突き進めば、どんなことでもお金になるということがわかって。誰かに雇われているのは確かに楽だけど、選択肢はそれだけではないと最近思えてきました。ここもただの空き家だったのが、料理を作る人が入ればお金になるし、私もプロになると思い込んで何かやれば、プロになれるんじゃないかと。「人生はこうじゃなきゃいけない」と思っていたけど、いろんなことに対して「やろうと思えばできるじゃん！」みたいな。

孝平　英里さん、何か新しくチャレンジしようと思ってるよね。

英里　この人を見ていて思ったんです。開業するときも大変だったし、「なんでこんな山奥でやるの？」とか「お客さん来るの？」とか、いろんな人からいろんなことを言われました。だけど、それでもめげずに着々とやっていたら、こんな田舎だけど来てくださる方が増えていって、「そうか、誰に何を言われても、やりたかったらやっちゃえばいいのか」という見本みたいなものを間近で見ていました。

孝平　僕がもう一ついいなと思ったことは、地域の人のことを思って何かをするということがすごく多いし、反対に、してもらうことも多い。してもらうということは、例えば、お野菜を持ってきてくれることもそうですけど、食べやすいように洗ったり、節をとったりするわけですよね。その一連の流れが、その人のことを思っての動きじゃないですか。そこに対しての思いに応える。「この間大根をもらったから、今度はこちらからケーキを持っていこう」とか、そういう発想が自分の中から出てくる。それで喜ばれるという繰り返しが、すごく温かくてうれしいですね。

英里 私もこの5年間、家族のことでいっぱいいっぱいですけど、いつも地域の人に手伝ってもらっていて。上の子どもたちの運動会のときも、友達のおばあちゃんがずっと末の子の世話をしてくれていたので、思い切り運動会を楽しめました。最近やっと、皆さんに恩返しできるような仕事を身に付けたいなと思うようになりましたね。

これからの「おおきな木」

丸尾 これからこの「おおきな木」をどんな場所にしていきたいですか？

孝平 2階にフロアを作りたいです。階段を作って、2階に上がれるように。

丸尾 隠れ家的な？

孝平 シェアオフィスにしたいですね。2階の空間がすごく広いので、土壁か漆喰を塗って、照明を付けてというイメージなんですけど、とてもいい空間になると思うんです。

それから、お店前のスペースはハーブガーデンにしたいですし、川へのアプローチ部分は、子どもたちが川遊びできるようにしたいですね。

丸尾　いまレストラン以外にされていることはありますか？

孝平　鹿などの肉や骨を加工したペットジャーキーを販売しています。「飼い犬が老犬で、食が細くなってあまりご飯を食べない」とおっしゃる方に贈ったら、「美味しそうに食べたよ！」「在庫があるなら全部購入したい」ということを言ってくださって、予想外に喜んでもらえました。

受け入れること。自分の感覚を信じること

丸尾　では最後に、お二人が大切にされていることを教えていただけますか。

孝平　いま僕が心がけているのは、〝受け入れること〟です。英里さんや子どもたち、周りの人も含めて、その人のすべてを受け入れることを意識しています。

丸尾　仕事を突き詰めるということと、周りの人を受け入れるということは一致していますか？

孝平　一致していると思います。まだ受け入れられていないから、まだまだ自分の枠が狭いんですけど、受け入れられたら多分、料理も変わってくるし、やることも変わってくる。まさにリンクしていると思います。

英里　私が大事にしているのは〝自分の感覚を信じること〟です。ずっとおろそかにしてきたから、自分に全部返ってきていて……。自分の感覚を大事にした方が、みんなのためになるんじゃないかなと思っています。

孝平　僕は彼女のすごいところをたくさん知っているけど、全然出ていない。自分に自信がないことが根っこにあるんだと思うんですけど、過去のことは吹っ飛ばしていいか

ら、いまのこの状態からスタートして、自信満々でどんどん突き進んでほしいです。

英里　ここに来ていろいろな人を見ることができたおかげです。そこを卑下する必要ないのかな、自信持っていいのかなと思って。

孝平　その代わり、思い切り「失敗」してね。

英里　失敗はしています（笑）。

丸尾　これからも楽しみですね。お二人が新しいことにチャレンジして、どんどんできることが広がっていきますね。

田﨑孝平（たさき　こうへい）

千葉県生まれ。岡山県津山市阿波にある古民家レストラン「おおきな木」オーナーシェフ。イタリアン、フレンチのコックを経て、築地市場の八百屋で仕入・卸・営業を学ぶ。2012年、岡山県津山市の日本の里百選にも選ばれた村、阿波へ家族と移住。

田﨑英里（たさき　えり）

東京都生まれ。移住後、阿波の美味しいものを揃えたマルシェ『阿波まるごとかじり市』を立ち上げる。その後市役所の嘱託職員として勤務し、2016年第三子の誕生を機に退職。現在、県北のシカ肉を使ったペット用無添加おやつ等を扱った、おおきな木 オンラインショップの運営に関わる。

カフェレストラン古民家〜おおきな木〜（※現在は休業中）

千葉県から津山市阿波にIターンした田﨑さんが経営するカフェレストラン。地域の素材を活かしたランチやジビエ料理、スイーツなどを提供。テーマは〝farm to table〟。

岡山県津山市阿波2846

https://www.facebook.com/aba.ookinaki/

丸尾　お話を聞かせていただきありがとうございました。カフェレストランでの料理だけではなく、場所自体も〝farm to table〟、とても共感する言葉でした。これからもどんどん進化していく「大きな木」がとても楽しみです！　田﨑さんは千葉からIターンのかえ～る人でした。

取材日：２０１７年9月26日
撮影地：おおきな木

岡山県美作市

NPO 法人英田上山棚田団　**梅谷真慈**

160人の里山で仕掛ける！

どうやったら面白い生活ができるのか

丸尾　梅谷さんは、ここ美作市上山地区で暮らしながら働いていらっしゃるんですが、普段は主にどういったことをされていますか？

梅谷　普段は棚田の再生活動がメインです。4月中盤から後半、10月末、11月ぐらいまではお米づくりで忙しくしている状況ですね。冬に入ると〝林業〟とまではいきませんが、里山整備レベルで作業を行っています。それから原木シイタケも本格的に生産し始めています。それも1人ではなく、チームでやっているところです。

また、里山整備をしながら、〝猟師〟というにはほど遠いですが、年に数頭のシカやイノシシをつかまえたりと狩猟もしながら、ここでどうやったら面白い生活ができるのかを考えて暮らしています。

丸尾　シカやイノシシを獲るってすごいですね。罠ですか？

梅谷　くくり罠です。でも、これから「檻罠《おりわな》」というのも設置してやっていこうかなと思っています。まだまだ新米猟師で年間数頭しか捕獲できていないのですが、狩猟は続けていきたいです。

丸尾　狩猟のやり方とか農作物の育て方、田舎のマナーというのは、どういう方法で習得されているのですか？

梅谷　そうですね。まず自分でなるべく勉強しています。そして足りないところは、地元の方にお聞きしながら取り組んでいます。一緒にやっているメンバーも移住者ばかりなので、メンバーで情報をシェア（共

有）しています。「次は何しようか？」とか、「こういう作物の育て方がいいんじゃないか？」とか、「シカのローストがおいしいよ」とか（笑）。そういうのも随時情報をシェアしながらより良い情報がないか探しながらやっている感じですね。

ただ、プロジェクトごとにリーダーが必要なので、それは年齢とか世代とか関係なく、やりたいと思った人がそれぞれに仕切ってやっていくような形で、みんなそれぞれプロジェクトを進めていますね。

田んぼ再生による、植生豊かで生産的な場所づくり

丸尾　先ほど言われたシイタケなどの他に、どんなものを育てていますか？

梅谷　お米とシイタケが本格的に始まろうとしているところです。シイタケ栽培については、地元のおじいちゃんに聞けることなので、この地域での大きな稼ぎですね。僕がシイタケ栽培について教えてもらっているのは、今70～80歳代の方でそれを生業《なりわい》にしてきた方々です。

あとは、ニンニクをつくり始めていて、現在5000個できました。まだまだ少ないですが、安定的に形や大きさに満足のいく栽培ができるようになれば増産していきます。

他にも、専門で野草を扱っているメンバーがいます。ヨモギなど、食べたら元気になったり、栄養価が高かったり、ミネラルを補給できたり、身体に良い効果があったりというのを専門にやっています。

「耕作放棄」といいますが、田んぼが放棄されて30年、40年たっていると、笹とか竹とか植生が貧弱になってくるんです。それが田んぼを再生してお米をつくるために、畦《あぜ》を草刈りして、田んぼとしてちゃんと管理することによって、またヨモギ、レンゲ、ハハコグサなど、いろいろな野草が生えてくるようになります。その中には身体に良い効果のある雑

草も生えてくるんです。
　耕作放棄時には植生が数種類しか目立たなかったものが、再生して田んぼになると、数十種類から数百種類ぐらいの植生豊かな生産的な場所に変わってくるわけです。そういうことに価値があることを都会の人などにご理解いただき、なおかつ楽しんでいただける地域にしていきたいです。高校時代からもともと興味のあることなので、僕も環境や農業のことを勉強しつつ一緒にやっています。
丸尾　身体に良い雑草といえば、どんなものがあるのでしょうか？
梅谷　例えば、ヨモギの新芽を毎日5個から10個食べれば骨粗しょう症が改善されていく効果があると言われています。ヨモギが活用できて、薬をそんなにたくさん飲まなくても、身の回りのものを管理しながら食べることによって体が健康になれば、めっちゃいいじゃないですか。
丸尾　そうですね。めっちゃいいですね。
梅谷　健康だし、お金も薬代もかからないし。そういうことをチャレンジしている仲間もいます。

2007年から始まった英田上山棚田団の活動

丸尾　ここ上山での活動はどのような感じで始まったのでしょう。

梅谷　そうですね。僕も移住してきている身なんですけど、棚田団の活動が2007年から始まって、それが週末里山生活みたいな感じで、大阪のメンバーは足しげく月2回通いながら、地元の人たちの水路掃除とか草刈りをお手伝いするところから始まりました。

その後、「お前らそんな草刈りと水路掃除ばっかりじゃ、おもんねえじゃろう」みたいな（笑）。「お米やってみるか？」というところで始まったのが初め3畝の田んぼです。それから、300㎡だった田んぼが、今は4万㎡ぐらいやっているので、かなり増えてきたなあという感じです。

それを英田上山棚田団の仲間でやっています。移住してから何かしようと考えるメンバーもいますし、都会で働きながらも、やりたいことがあって移住してくるメンバーもいますね。もちろん、週末里山生活が好きな人も大歓迎です（笑）。

160人の里山、移住者は20人以上

丸尾　ここ上山集落に、移住者の方はどれくらいいらっしゃるのですか？

梅谷　おじいちゃんたちがメインの美作市上山の人口は、ここ5年で170人ぐらいから160人ぐらいに減少しているんですよね。その中で移住者は2010年から25人以上増えています（笑）。

丸尾　すごい比率ですね。

梅谷　わっとたくさん来る年もあるし、全く移住者がいなかった年もあったりしますから、平均すると1年当たり2、3人ずつくらいは増えてきていますね。

丸尾　英田上山棚田団のメンバーというのは、外から来られた方だけではなく、地元の方もなんらかの形で入られていたりするのですか？

梅谷　そうですね。地元の方にも理事や幹事で入っていただいています。日常の中で会話したり、農作業について教えてもらったりなど、すごく協力していただいていますね。

普通に就職の道もあったが、たどり着いたのが上山（笑）

丸尾　梅谷さんが岡山県美作市の上山に来られたのは、いつ頃ですか？

梅谷　僕が初めて来たのは２０１０年の４月ぐらいですね。大学院の１年生のときです。生まれは奈良で、岡山県には大学進学で来ました。

丸尾　学部は農学部だったんですか？

梅谷　岡山大学に環境理工学部ってあるんですけど、ご存じですか？

丸尾　ごめんなさい……（笑）。

梅谷　農学部から派生した学部で、専門分野でいうと農業土木などを専攻する分野です。役場などの農業課や土木課に入られる先輩方も多いんですけど、環境とか農業のことを勉強する学部になるんですよね。

丸尾　耕作放棄地の管理などについては、強いて言うなら本職というか、もともと勉強されていたことでもあるのですね。

梅谷　習って勉強したことですね。でも、耳にタコができるほど聞くんですけど、実際どうやって問題を解消して管理するかまでは大学では習った記憶があまり残っていないです。勉強しながら気になっていました。

　いざ働くとなり、就職活動もしましたけど、何かこのままサラリーマンになるのもな……とか、いろいろ考えました。そういう感じではない働き方もあるのではないかと。途上国へ旅したり、ツアーを企画したり、それらを大学の中で2、3回繰り返しているうちに、日本の農山村にも出かけるようになって、たまたま出会ったのが英田上山棚田団でした。

　〝本当に自分がやりたいこと〟を仕事にできる、しかもそれが〝誰と〟できるというところまで考えると、ここ上山という場所でチャレン

ジしてみたら面白いと思いました。上山は、ある種たどり着いたところです（笑）。

里山をただ維持するだけではなく、活用していくこと

丸尾　最近は農産物をつくられたり、どんどん生産的になっていますね。

梅谷　昔の人が「当たり前」にやっていたことを「当たり前」にできたら面白いのかなと思っています。ただ別に仙人になりたいわけじゃなくて（笑）、写真を撮ったり、ipadで情報発信したり、ネットが使える今の生活も必要です。

大学の頃に、〝持続可能な生活〟とか、〝持続可能な社会〟っていう言葉を、本当にたくさん聞くんですよ。ただそれが、「どこができているの？」とすごく疑問に思ったんですよね。

個人の家庭なら多分オフグリッドハウスとかで、何か循環型で暮らすことはできるのですが、では地域や村のようにまとまった単位でそういったことができているところはなかなかないのかなと。そして、途上国も一緒なんですよ。そういうのもまとめて解決できるというか、何か面白くチャレンジできたらいいのかなと思っています。

それがこの里山を維持していくことにつながっていく。そして、活用することは全然違

うことなので、今までの維持の方法だけじゃなく、プラス活用のところというのが、何か新しく面白いところなのかなと思っていますね。

丸尾 6年前来たばかりと今って、地域に対する感覚は違いますか？

梅谷 もう全然違いますね。やればやるほど、ここから離れられなくなるなと思いますし、やればやるほど、おじいちゃんたちと一緒に農作業とか、教えてもらえることがめっちゃ有り難い時間だなと思います。本当、全然違います。

160人の里山で仕掛けるということ

丸尾 もともと奈良県がご出身で、海外も知りつつ、いろんな地域も見てきたということで、上山と他の地域と違うところはありますか？

梅谷 突き抜けたら、どこも本当に一緒かなと思いますよね。でも、ここがちょっと違うなと思うのは、他の地域が手掛けているところよりも、もうちょっと小さい範囲ですよね。160人の村でチャレンジを仕掛けているので（笑）。

丸尾 規模がさらに小さいですね。

梅谷 それぐらい小さな範囲の方が、村がまとまってチャレンジしやすいのかなと思ったりもするんですよね。そして、取り巻く周辺の英田地域というところが2500人から3000人いかないぐらいの規模です。

モビリティや福祉の観点では上山だけではなく旧英田町ぐらいの範囲へ事業を広げることも必要だよねという段階にも来ています。ですので例えば福祉の面でも英田という範囲で良いサービスが連携することにより展開できないかなというのも他のメンバーが考えています。

でもそれは160人の村で、この10年間ひたすらチャレンジし続けている過程でわかってくることなんですよね。そのあたりはすごいと思い

ますし、他のところとはちょっと違うのかなと思いますね。それに至る過程でも、誰と働くかというのもここ上山なら面白そうかなと思ったんですよ。
大阪から週末里山生活みたいな形で通っているメンバーもいますし、会社でも第一線でバリバリ働かれている方々が移り住んできて、何か仕掛けようとされていたりします。そういう環境って刺激的じゃないですか（笑）。

魅力的な場所だと思ってもらえる価値をつくりたい

丸尾　梅谷さんがこれから、さらにやっていきたいことはありますか？

梅谷　僕もここに6年いて、ちゃんとここで暮らせる自信はできてきたんです。その上で、上山の昔の人たちが当たり前のようにやってきたことをちゃんと真似できるようになり、価値に変えていけたらと思います。
それが金銭的価値というのももちろんですし、都会の人や、海外からの人に対して、ここ美作～英田～上山が面白い場所なんだな、魅力的な場所なんだなと思ってもらえる価値をつくっていきたいです。それが例えばコムス（※）を使ったツアーであったり、レンタルで楽しんでいただくことができます。

僕自身、以前ネパールへ学生時代に3回ほど行って気づかせてもらったことがあります。田舎で自給的な暮らしだけではなく、プラス生産的に若者が暮らせることができたら、本当に良いのではないかと。将来、そういった途上国でも同じことができたら面白いのかなと思ったりします。

この里山地域には代々20代以上続いている家もあります。本当にすごいことだなと思います。400年とか500年ずっとこの里山で暮らし

続けておられます。100〜200年以上前からある棚田の石垣も、活用させてもらえるというのは、本当にありがたいことです。

そういった方たちの知恵を、ちゃんと引き継ぐことができる期間というのが、あと5年から10年ぐらいかなと思っています。引き継ぎながらここの未来をつくっていけたら面白いと思っていますね。

※コムス　トヨタ車体が開発した、1人乗りの超小型電気自動車。

ちゃんと話す。伝わるように

丸尾　最後にお聞きしますが、日ごろから大切にされていることはありますか？

梅谷　大切にしているのは、「ちゃんと話す」ということです。本当にいろんなジャンルの人たちも訪ねてきてくれるので、わかりやすくちゃんと話ができないと、ここを好きになってもらえない、理解してもらえないですし、地域のおじいちゃんたちにも僕を理解していただけないです。

おじいちゃんたちにはちょっと方言を入れながら、「ええが」とか「何じゃ、何じゃ」とか言いながら言わないと伝わりにくいですし、その人に合わせてちゃんと話すということをもっとできたらなと思いますね。

丸尾　話すことって、実は難しいですよね。

梅谷　めちゃめちゃ難しいなと思います。ちゃんと話す、ちゃんと伝えるということが本当にどれだけ丁寧にできるのかをすごく考えながら、いつも仕事であったり、いろんな人と話ができるようにしたいです。

梅谷真慈（うめたに　まさし）
1986年生まれ。奈良県出身。2011年、岡山大学大学院環境学研究科修了後、美作市・上山地区に移住（現在160人の村に40人が移り住む集楽に）。棚田再生に取り組むNPO法人英田上山棚田団の理事を務めている。棚田団の活動は13年、日本ユネスコ協会連盟による「プロジェクト未来遺産」に登録、16年には農林水産物や景観などを生かした地域活性化の成功事例「ディスカバー農山漁村の宝」（内閣官房など主催）に選ばれた。

一般社団法人上山集楽
岡山県美作市上山地区の棚田の再生をはじめとする農林業の振興。自然エネルギーの活用や水資源の確保による里山の環境の保全。地元の資源を活用した農林業体験やツリーイング、古民家を利用したカフェや民宿、陶芸などの各種ワークショップ、棚田を使ったコンサートなどのイベントの開催など新しいコンテンツの提供。これらの事業に農山村と都市部の人々を結びつけることで地域の活性化を図る。また、上山での成功事例を出版物やTwitter、Facebookなどのウェブツールで積極的に情報発信し、同様の問題に取り組んでいる他の地域とも連携していくことで、日本の農山村の明るい未来を切り開くことを目的としている。
岡山県美作市上山2135番地
https://ueyama-shuraku.jp/

丸尾　お話を聞かせていただきありがとうございました。伺って早々、ヨモギの新芽を食べてみてくださいと渡されたのは新鮮でした（笑）。とても小規模な里山において「単に維持するだけではなく、いかにプラス生産的に価値を生みながら暮らしていけるか」を日々追及されている梅谷さんからお聞きした、英田上山棚田団の方々の活動のお話にとても感銘を受けました。梅谷さんは、奈良からIターンのかえ〜る人でした。

取材日：２０１７年４月28日
撮影地：美作市上山の千枚田

岡山県津山市

有限会社内田縫製　内田政行

職人として、価値を生み出す楽しさを感じてもらえるように

丸尾　内田縫製は、今は主にどういったことをされていますか？

内田　今は、ジーンズのＯＥＭ生産を行っています。お客様から、生地、デザインなどを全て支給していただいて、この生地で、このデザインで何着、いつまでに作って欲しいと言われて作る、いわゆる下請けの工場です。

丸尾　会社の成り立ちはどういったかたちで設立されたのですか？

内田　最初は、父である先代が始めた会社です。会社にしてからは35年くらいですが、始めたのは40年以上前ですから、僕が小さい頃からやっていました。

丸尾　その頃も縫製工場ということで、やっていることは同じだったのでしょうか。

内田　同じでした。やはりジーンズを作っていましたね。その頃はメインでナショナルブランド、つまり日本のメーカーのブランドで、LEVISなどではなく岡山の児島にあるBOBSONだとかBIG JOHNなどの下請け工場でした。

現在はアーバンリサーチ、ジャーナルスタンダード、ユナイテッドアローズ、桃太郎

ジーンズなどの一流ブランド、有名セレクトショップなどの依頼をうけています。

今の若い人は、縫製離れというのか……

丸尾　ここは那岐山がすごく近くて、自然に囲まれた地域ですよね。内田さんはここで育ったのですよね。

内田　自然だらけですね（笑）。あと、うちが長くやってこられたのは、もともとスタッフが近所の「おばちゃん」ばかりだったからだと思います。景気のいい時は問題ないのですが、悪い時には休んでもらったりだとか、逆に忙しい時には残業してもらったりだとか、いろんな「波」がありましたが、臨機応変に対応してくれました。「ええよ、ええよ。忙しい時には頑張るし、ヒマな時には休むし」といった感じでやってくれて、そのおかげで他が廃業していく中、うちが今まで残ってこられたのだと思っています。感謝ですね。

丸尾　なるほど。全国的には「縫製工場」というのは減ってきているんでしょうか？

内田　減ってきています。

丸尾　それでも35年40年と残ってきているというのは——景気の波もあり、ビジネスモ

デル的なところでも変化に対応していかないと、続けてこられない時間ですよね。そういったところでも対応していけたのは、やはり地元の人と一緒に働いていたからですかね。

内田 本当に地元の方達のおかげですね。僕のおしめを替えてくれたような「おばちゃん」ばっかりでしたからね（笑）。

丸尾 単純に「従業員」と「経営者」という関係ではないですね。

内田 そうですね。未だに、70代、80代のおばあちゃんが集まって「内田縫製OB会」をしています。多いときには十数人集まってくれていますよ。

でも、今は一変していて、海外の方が9人いたり、遠くから通ってくれているスタッフもいます。

丸尾　海外の方とはどちらの国の方ですか？

内田　中国ですね。国の実習制度を利用して来てもらっています。

丸尾　何歳くらいの方々ですか？

内田　10年くらい前は20歳から30代前半の方が多かったのですが、今は40歳から45歳くらいまでになっていますね。日本と同じで、縫製離れというのか、中国の方もやっぱり若い人は縫製の仕事に、あまりつかないみたいです。

丸尾　日本の若い方もあまり縫製工場では働かないというのは、なぜなんでしょう。

内田　地域的なこともあるのかもしれないですね。児島のあたりでは「ジーンズの町」ということもあって、学校や専門学校にも「ジーンズ科」があったりして、そこで勉強してメーカーさんや工場に勤めたりもしていますが、津山周辺ではそういうのはありませんから。

丸尾　人件費というのは、やはり日本人の方は高かったりするのですか？

内田　いえ、今は中国の実習生を雇う方が高いです。

それは給料形態というより加入している組合への組合費などがかかるからです。実習生の方たちは、保険などにも加入していて日本人の方と同じ給与体系です。イメージで外国の方に安い人件費で働いてもらっているように思われがちですが、日本人と同等か、むしろ高いくらいなのです。

ここ20年、一度も納期遅れはありません

丸尾　一流のジーンズメーカーからの仕事をされているということで、「工場」は信頼を勝ち得るものだと思うのですが、工場や生産体制へのこだわりや継続してこられたようなことはありますか？

内田　お客様に一番に気に入ってもらえるのは、品質ももちろんなのですが、やはり「納期」なんですよ。「納期」はとても大切で、例えば新商品や新店舗ができる時に、広告をうっていますから、その時にその商品が無いわけにはいかないんです。新規のお客さんに「うちはここ20年、一度も納期遅れはありません」と言うとびっくりされますね。

丸尾　20年間納期を守り続けているのはすごいですね。他にものを作るうえでのこだわりはありますか？

内田　やはり、販売価格の高い商品が多いので——1万円以下の商品はうちでは作って

いないんです。ほとんどが2万円から3万円、高いもので4万円から5万円するものなので、当然「検品」も厳しいです。

納品する前に「納前（納品前検品）」といって商品を見られるのですが、40年の経験上、出してもダメな商品は初めから出さないようにしています。

丸尾　有名なアパレルブランドですからね。先ほどお聞きした以外のブランドの商品も作られていますか？

内田　そうですね……他にもJapan Blue Jeans、Ordinary fitsや、最近ではレディースでCLANEなどです。

丸尾　実際、内田縫製さんで作られ

ているのはどの工程になりますか？

内田 うちには50m、100m巻の原反のままで、生地が入ってきます。それがここから出荷するときにはジーンズの形になって出て行きます。ただ加工はしていないので、加工のあるジーンズについては指定の加工工場へ納入し、そこでダメージ加工やリメイクなどを施すようになります。

職場に穿いていける「オリジナルジーンズ」

丸尾 これから作っていかれる内田縫製の「オリジナルジーンズ」、地元の津山ジーンズを作られるきっかけというのはあったのですか？

内田 実はずっと思っていました。作り手としても、利益の面でも直接消費者に届けるのが一番いいわけです。ただ、日々の業務の中で、毎日数百本、最盛期には1日1000本以上ものジーンズを作っていたのですが「本当にこんなに売れているのか？」とも思っていて、うちがオリジナルでジーンズを作ったところで売れないだろうと二の足を踏んでいました。そんな中で今回、つやま産業支援センターの強い後押しを受けて、メイドイン津山ブランド「UCHIDA HOUSEI」を立ち上げました。

丸尾　いきなり自分たちのジーンズを作ろうとしても、マーケティングやデザインなど、指示のもとでやるのではなく、自分たちがどう見せたいかを考えていかないといけないので、面白いことでもありますが、難しいことでもありますよね。

内田　40年ずっとやってきましたから、作るのには自信はあります。だけど「デザイン・生地選び」などが難しいですね。今回のオリジナルジーンズは、オーソドックスで流行り廃りのない、10年〜20年穿けるものとして、パターンをひいています。

丸尾　このジーンズは、どういった方に穿いていただきたいと思っていますか？

内田　今回2種類作ります。一つはカジュアルに穿いていただき、あともう一つは「ビジネスジーンズ」として、仕事のときに穿いていただきたいと思っています。例えばオフィスでの仕事や、出かけて行ってお客様との商談でも大丈夫だし、そのあとプライベートでレストランに行っても大丈夫なような、ずっと穿けるものにしています。シルエットはカジュアルと同じなのですが、生地の色を抑えたり、ステッチを目立たなくしていたり、革パッチも黒っぽくして、ワイシャツを着てネクタイを締めて、ジャケットを着ればどこへでも行けるものにしています。

丸尾　今までは一般的には、職場でジーンズを穿くのはNGな感じがありましたよね。

内田　うちに来られる営業マンの方が、スーツを買ってもパンツがすぐ傷み、上着だけが残っていく、このジャケットにあうパンツがあればとおっしゃっていました。ただ、普通のジーンズを穿くとなるとカジュアルになりすぎ、さすがにダメだということで、それなら生地・ステッチなどを目立たなくして、シルエット面も股上を深くし裾に向かって少し細くすれば、ビジネスシーンでも良いのではないかと考えました。

専用ミシンにより、自社ですべての工程が可能

丸尾　工場にたくさんの種類のミシンがありますが、ミシンの並び方などは、どのようにしているのですか？

内田　商品によって並べ替えたりもしますが、今はほとんどデニムパンツに適した並びになっています。大きく分けるとパンツは前身を作って、後ろ身を作って、それらを合わせた後、帯を付けたり裾を縫ったりします。それから「特殊」といって、ループやリベットを付けたりしてから、検品検針して出荷するようになるんです。

丸尾　では、ミシンはそれぞれ違う機能があるんですね。

内田　そうです。違います、ぜんぶ専用の機械です。だからコンベアこそないですが、本当に流れ作業になっています。うちが納期に遅れないのは、すべての工程が自社でで

きるからなんです。

普通は穴を開けたり、ボタンを打ったりというのは専業でしている工場があって、そこに依頼しているんです。特殊なミシンはとても価格が高いので、ミシンを入れずに特殊専用工場で1個5円、10円みたいな形で依頼するようになるんです。ただ、それだと納期が読めない。

たくさん仕事をかかえているところに持ち込んでも後回し、後回しになってしまいます。それがうちだと全部機械が揃っているので、すぐ必要なときに作業ができる。だから納期が遅れないということなのです。

例えば「玉縁ポケット」を作る機

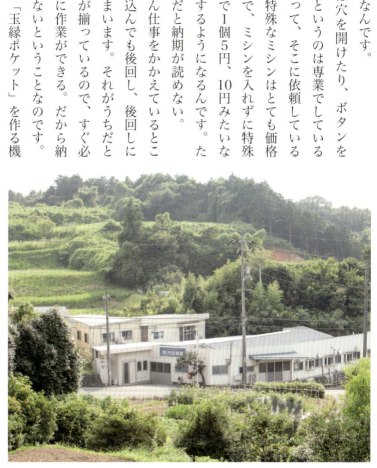

械があるのですが、1台数百万もしますが、他の場所を縫ったりはできずそれだけしかできないんです。ただ、この作業を手でするとなるととても時間がかかるので、中国から来た人はこのミシンを持って帰りたいと言いますね（笑）。

丸尾　やっぱり発注する側からすれば、内田縫製にお願いするメリットがあるのですね。納期が読めないのは、とても危険ですよね。

内田　新規のお客様が工場の見学に来たときに、「動画を撮ってもいいですか」と聞かれるのですが、1箇所の工場でこんなにたくさん撮れたことない、とても勉強になりましたと言って帰られます。「玉縁ポケット」のミシンを初めて見たという方もいらっしゃいます。

スタッフ全員が「職人」に

丸尾　これから自分たちのジーンズを作ったり、日本全国のアパレルメーカーから依頼を受けてジーンズを作っていくにあたって、さらにチャレンジしていきたいことはありますか？

内田　オリジナルジーンズで自分たちならではの価値も作っていきながら、日本のアパレル産業を支える工場として稼働していきたいと思っています。本来、営業に行っても断られることが多いようですが、うちの場合は、ありがたいことに新規の有名なお客様の方からお話をいただき、来ていただいてお仕事をいただいています。

丸尾　日本全体では減少しているような「縫製工場業界」で、ずっと求められる工場であるというのは、本当にスゴイことです。

内田　仕事を続けていくうえで一番大切なのは「人」だと思います。営業や生産の方、若い人やベテランの方などいろんな方とお会いしますが、新しいことに取り組んでいくときに

は「担当者」が大切だと思います。採算面のこともあるのですがやっぱり「担当者」ですね。それから相手に変わってもらいたいと思うより、まずは「自分が変わりなさい」。この言葉が好きです。

丸尾　ものづくりをしていて、機械のこともありますが、やっぱり「人」だということですね。

内田　そうですね「人」ですね。いくら腕に自信のある人でも、やはり「人」が良くないとダメなんですよね。

丸尾　そう考えると、今チャレンジしていることでも、今までとは違う外の「人」との関わりも大切ですね。

内田　今は、いろんな人と知り合えて名刺入れがあっという間に埋まっていくような感じです。出会いがすごく多くて「ここをこうしたほうがいいんじゃない」といろんな人から意見がもらえています。

丸尾　スタッフ人材育成については何か考えていらっしゃいますか？

内田　スタッフのみんなに「職人」になってもらおうと思っています。今は、流れ作業なのですが、5年かかるか10年かかるかわかりませんが、みんなジーンズを1人で1本作れるようにしていきたいと思っています。

　縫製会社に何十年も勤めてもジーンズ1本を縫えない人が多いんです。どうしても上手に縫える同じ工程をずっとしてもらうようになってしまうので、1本縫えるようになるのが難しいんです。

丸尾　仕事としてはその方が面白くなりますよね。

内田　そうですね、作り手としてもモチベーションが上がりますよね。

　ただいきなりそうしてしまうと全体の生産性が落ちてしまうので、徐々に長い目で見てやっていこうと、みんなで取り組んでいるところなんです。

　難しいし、時間がかかることですけど、みんなに価値を生み出す楽しさを感じてもらえるようにしていきたいと思います。それで若い方たちにも縫製の面白さを知ってもらいたいですよね！

内田政行（うちだ　まさゆき）
岡山県津山市生まれ。高校卒業後、家業である有限会社内田縫製に入社。２０１０年代表取締役に就任。２０１６年自社ブランドUCHIDA HOUSEIを立ち上げる。

内田縫製
那岐山がどっしりと構える山懐の、周りといえば自然だらけのこの旧勝北町に、先代の社長が縫製工場を立ち上げ40年。Made in Japanの「ものづくりの魂」を込めて、ジーンズ業界をはじめ、日本のアパレル産業全体を支えていきたいと思っています。
岡山県津山市新野山形４５０
https://uchida-factory.co.jp/

丸尾　お話を聞かせていただきありがとうございました。まさによく目にするブランドのジーンズがここ津山でつくられていることに驚き、そして嬉しくなりました。そして将来的にはスタッフが職人として全工程を手掛けることができ、モノづくりの楽しさを感じてもらえるようにと言われたこと。20年間納期遅れなし、そして品質にこだわりつづけ、作り手のやりがいをつくっていく姿勢にとても感銘を受けました。

取材日：2016年7月25日
撮影地：有限会社内田縫製

岡山県津山市

山菊株式会社　北村暢宏

店名「櫓《やぐら》」に込めた津山への想い

丸尾 山菊株式会社は、主にどういったことをされていますか？

北村 飲食業や、精肉の卸売業などをさせていただいております。

丸尾 卸売だけでなく、お店もやっていらっしゃるんですよね。

北村 そうですね。もともと親元で働いていた名残で卸売をしていますが、今のメインは飲食業です。

丸尾 「城下町肉処・櫓《やぐら》」と、続いて出店された「ビフトロ櫓」、僕たちもよく行きます（笑）。

北村 ありがとうございます。

丸尾 「櫓」にはランチにもディナーにもたくさんお客さんが来られていますが、どういったコンセプトのお店でしょうか？

北村 安心・安全で〝おいしいものを、お求めやすく〟ですね。高いお肉は当然おいしいんですけど、そうではなく、日常の外食として皆さんに選んでいただけるような価格設定にしています。

丸尾　市外から来た人を連れて行くことがあるんですけど、みんな値段見てびっくりするんですよ。「安っ！」と言われる方がたくさんいて。

北村　ディナーもだいたい2000円くらいでご満足いただけています。

お肉の良さを最大化してくれるシェフ

丸尾　2店舗目の「ビフトロ櫓」は、1店舗目の「櫓」とはコンセプトが異なりますか？

北村　ビフトロ櫓については、同じ

飲食業でも、別ジャンルのことがちょっとやってみたかったんです。それと同時に、自分がマネジメントの部分では関わるのですが、基本的な店舗内の運営は、シェフやスタッフに任せています。ある種、自分の中での経験値を積みたかったというのが一つキッカケとしてありますね。

丸尾　飲食店をやろうとしても、シェフなど、よい方を連れてくることはなかなか難しいと思いますが。

北村　彼（シェフ）は、京都の老舗洋食屋で修業を積んだ後、ホテルで働いていたんですが、縁があって僕から誘いました。彼自身も以前の仕事に対しての葛藤があって、ちょっ

と一緒にやってみようということになりました。

丸尾　ビフトロ櫓で出されているローストビーフ丼って斬新ですよね。見栄えもすごいですし。遠くから来客があったときは連れて行かせてもらっています。

北村　ありがとうございます。でも、あれはお店として売り出したいところが、実はちょっと違うところにあって。実は思い付きみたいなところもあったんです。思いのほか反響が大きく、おかげさまでテレビなどの取材もすごく増えました。お客様がＳＮＳで発信してくださったのもあってのことだと思います。

ローストビーフ丼を実現できたのは、やはりシェフの技術ですね。僕はお肉の仕入れや販売に関してはプロですけど、調理は一切できないので。彼は僕が仕入れたものの良さを１００％、１２０％引き出してくれるので、とても頼りにしています。

“今のまま”への漠然とした不安、そして起業

丸尾　もともとは津山生まれですよね。

北村　津山生まれ、津山育ちです。高校卒業後、大学に進学して横浜に住んでいましたが、１年半ほどで戻ってきたんです。

丸尾　大学に魅力を感じなかったとか？

北村　今思うと、大学に残りたかったわけでもないですし、津山に戻りたかったわけでもないんですけど。いろいろな経緯の中で連れ戻されたという感じですね。

丸尾　戻ってこられてから、しばらくして起業なさったわけですね。何年ぐらい後ですか？

北村　21歳で帰ってきて家業である精肉の卸売を手伝っていたんですが、起業したのは14年後、35歳のときだったと思います。

丸尾　家業を継ぐのではなく、自分の会社を興そうと思ったきっかけは

何でしたか？

北村　そのまま親元にいても、食べていくということだけでいうと、別に問題なかったんです。でも、業界全体や津山市全体が景気的にも右肩下がりの状態で、自分の30年後、40年後を想像したときに、「今のままでいいのかな？」という漠然とした不安がありました。親元にいると、そこに対しての甘えもありますし、自分自身に成長もなかったと思います。育ててもらった力を外で発揮して、将来的に親を助けられたらなという想いがあり、起業しました。

たくさんある津山独自のお店を、知ってもらいたい

丸尾　飲食業は食べる人の顔が見えるということで、卸売とは大きく違いますよね。

北村　家業の卸売を手伝っているときには、〝食べる人の顔〟というところまでは正直考えていなかったですね。だからこそ卸売をしていたときも、実際に食べていただいて、「前回のお肉、良かったよ」という声があったときには、想定外の喜びがあったのを憶えています。

丸尾　もともとやられていた家業の卸売というのは、ビジネス的にも時代の流れとか、変革のタイミングであったりもしましたか？

北村　それはありますね。もう流通自体が一部の超巨大な企業や、ネット販売の企業が残っていくようになってきていますし、そういう時代の中で、中小零細の卸売や仲卸業は淘汰されるという危機感はありました。

丸尾　すでに競合が肉屋さん同士だけではなくなっていますよね。

北村　はい。そういう時代だと思います。

丸尾　津山というと肉が有名で、市外から来られた方は「おいしい」と驚かれるんです。

津山の肉をもっと知ってほしいという視点はありますか？

北村 津山の肉自体もそうですけど、おいしいお肉を津山独自の文化で提供しているお店がたくさんあるので、そういうお店をもっともっと、市内の人、市外の人、海外の人に知ってもらいたいですね。

店名「櫓《やぐら》」は、津山城への想い入れから

丸尾 今の津山を元気にしていきたいというところが、北村さんの活動の起点なのかなと思います。これから津山をどういった感じにしていきたいとか、そういった思いはありますか？

北村 子供の頃から津山城に非常に想い入れがあって、店名の「櫓」もそこから取っています。お城をもっと活用したいと思っていて、お城に建物がないなら建物を造りたいし、城下町の整備もしたい。それをキッカケに、人が集まり、消費が生まれ、雇用が増え、定住者が増えたら良いなと思っています。

企業として、そういったことが実際に行えるようになりたいですね。

丸尾 これから、さらに店舗展開などの話はあったりするのですか？

北村　この秋に、鶴山公園の下の観光センターのところで1軒出店予定です。観光客の方々に、津山の肉の文化を提供したいですし、夜は夜でこれまで通り焼肉を提供したいですね。

丸尾　これからが楽しみですね。

自分に足りないことは、周りの人が持っている

丸尾　最後に、日ごろから大切にされている言葉があれば教えていただけますか。

北村　最近は「克己《こっき》」という言葉を大切にしています。「自分に打ち勝つこと」ですね。自分が非常に弱い人間なので。

丸尾　そんなことはないと思いますけど。でも、自分の弱さを考えているのは大事なことかもしれませんね。

北村　弱さを知っているのが強みです。自分は能力が高い人間とも思いませんし、私に足りないものは、スタッフやみんな、支えてくれる方々が持っていますので。

北村暢宏（きたむら　のぶひろ）

1979年4月12日生まれ。岡山県立津山高等学校卒。2000年有限会社山本商店就業。2014年城下町肉処～櫓～開業。2017年山菊株式会社設立。2017年 Beeftro Yagura オープン。2017年城下町肉処～櫓～城下店オープン。

山菊株式会社

ファミリー、仕事場の小中宴会、少人数から食事、お酒を一緒にと幅広くお肉を食べて頂ける「城下町肉処・櫓」、「ビフトロ櫓」を運営。その他、肉の卸し、精肉、弁当販売など。
岡山県津山市堺町9BANビル2F

丸尾　お話を聞かせていただきありがとうございました。店名の「櫓」もとても印象的ですが、北村さんからの「津山城をもっと活用して、津山を元気にしたい」という言葉に、とても共感、感銘を受けました。北村さんは、横浜からUターンのかえ～る人でした。

取材日：2017年8月25日
撮影地：城下町肉処・櫓

岡山県津山市

株式会社マルイ　松田欣也

食を通じ、ひとを育て、地域を育てる

スーパーマーケットのパイオニア

丸尾 県北の皆さんはご存知のマルイですが、どういった会社ですか？

松田 実は、西日本のスーパーマーケット第1号なんです。世の中にスーパーマーケットというものがないときから、マルイはスーパーマーケットづくりをしていました。今は当たり前のことですが、それまでは商品に売価が付いているということはなかったんですね。ご注文いただいたものを仕入れ、お客様と1対1で売買するというのが、それまでの食料品屋さんの基本的なやり方でした。それを、きちんと売価を付けて、どなたでも同じ値段で気軽に買い物できるようにしようと考え、1955年にスーパーマーケット事業を始めました。

当時は競合がいなかったので、規模を拡大しようと思えば拡大できたんですが、それよりも「地域に密着した、地域に必要なスーパーマーケットをつくること」を大切に考

え、岡山・鳥取に根差すスーパーマーケットを目指して今日までやってきました。

現在もスーパーマーケットが主たる事業体で、岡山県北を中心とした「株式会社マルイ」の他に、鳥取に本社を置く「サンインマルイ」や、マルイよりも少し価格帯の低い「エスマート」など、7社でマルイグループを形成しています。社内で「社長！」と言うと、7人が振り返るのが今のマルイグループなんですが、これは私が「会社をより強くするために、社長の仕事を任せられる人材を育てていくことが重要だ」と考えているためです。実際に経営者としての仕事を任せられる人が7人いたから、今の状態になっているわけですね。

地域のプラットフォームとして

丸尾　今後の展望として、どういったことをお考えですか？

松田　今はマルイグループとはいっても、それぞれ別の会社なので、人材育成や商品物流を各々が独自にやっています。マルイホールディングスをつくることを計画しています。今後はマルイホールディングスがプラットフォームとして、社員の採用や育成、商品の流通や管理を一括で行うことができ、皆様により質の高いサービスをご提供できる

と考えています。

ただし、地域の特性を生かした商品開発は、引き続き各社が根付いている地域でそれぞれ取り組み、地域密着型の良さを生かす運営にします。

丸尾　マルイはスーパーマーケットを土台にしながら、地域自体のプラットフォームになってきていますね。

松田　私たちスーパーマーケットの大きな役割の一つが、地域でお金を循環させることだと思っています。お買い物をしていただいたお金を、この地域の農作物や畜産物を育てることに使い、それを仕入れて販売するというような循環型の仕組みをつくる。そういった役割をしっかり担える会社にしていきたいと思っています。

マルイの根幹にある考え方とは

丸尾　松田社長は、社長になられる前はどういったことをされていたんですか？

松田　京都にある同志社大学を卒業後、ヤマハ発動機に就職しました。世界を飛び回って仕事がしたいと思っていたので、その会社を選択したわけです。

丸尾　ご出身も京都ですか？　津山に来られたきっかけとしては。

松田　出身は神戸ですが、家内の実家がスーパーマーケットを営んでおり、それが津山にあったためです。その実家のスーパーマーケットというのは、マルイのことです。

丸尾　現在、マルイの年商は500億近くですが、松田社長はこちらに来られたときは、スーパーマーケットに対するノウハウはお持ちだったんでしょうか？

松田　いえ、全くありませんでした（笑）。商売については、すべて創業者から教わりました。なかでも、核心的な教えは「商いは公正でなければいけない」ということ。朝一番は値段が高くて閉店間際になると安く

なるとか、朝一番には商品がたくさんあって閉店間際には少ない、といったようなことが絶対にあってはいけないと。最後のお客様がお帰りになるまで、販売するべき商品の値段を合わせ、数を揃える努力をしなさいということを教えられました。というのも、最後のお客様が帰られたときに商品が大量に余っていると、廃棄しないといけなくなる。それを見越した値段設定をすると、価格が高くなってしまい決してお客様に良いことにはならない。かといって、少なすぎるとお客様が欲しいものを買うことができない。多くてもいけないし、少なくてもいけないんです。

そういった〝数をきちっと合わせる努力〟をしなさいと言われていました。
私は、売り切れた商品の交換券を作り、翌日も同じ値段で販売することを思いついてやってみたんですが、そのことでお客様が大変喜んでくださって。そこで、「お客様は買い物だけに来られているわけではなくて、お店に来て、うちとお客様の信頼関係やマルイの商売のあり方を楽しみにされている」ということを実感しました。「これがマルイの根幹にある物事の考え方だ」と。そういうことを経て、今日の社長業をやらせていただいているというわけです。

食育の最先端を発信する

丸尾　マルイさんは、食育などの試みにも力を入れられていますが、どういった想いで始められたのでしょうか？

松田　創業以来、食生活の大切さをテーマにやってきたんですが、食育基本法が制定されたこともあり、「食の大切さをもう一度見直そう」という想いで始めました。2006年に食育推進室をつくったんですが、他のスーパーマーケットにはまだこういうものがないそうで、農林水産省の方々から最新の情報を提供していただいています。

丸尾　食に関するマルシェのようなこともされていますよね。鳥取や津山で開催されていますが。

松田　はい。多くの地域の生産者の方々や商品の物流を担っている方、またメーカーさんが一堂に会して、それぞれが扱っている食材の特徴や価値をお客様に伝えていただく場として、岡山で「フードフェスタ」、鳥取で「マルコラ」という食育イベントを年に1回開催しています。食育自体は毎日それぞれのお店で取り組んでいますが、なかでも最先端のものを発信し、共有しようというイベントですね。

生産者から適正価格で仕入れる仕組みを

丸尾　食育でいうと、専門のNPO法人を組織されていますよね。

松田　NPO法人マルイ・エンゲージメント・キャピタルというものがあり、これがフードフェスタやマルコラ、日々の食育活動の主たる事業体になっています。このマルイ・エンゲージメント・キャピタルで、農作物をつくっていらっしゃる方々と、それを買われる方々、そしてマルイが一緒になって商品開発をすることを考えています。

先ほどお金の地域循環を考えないといけないというお話をしましたが、例えば1カ月後のこの日、大根やホウレンソウがいくら必要かということは、蓄積したデータから、今の時点で分かっているんですね。そのデータを生産者に提供し、マルイの販売量が分かった上で作付けをしてもらい食材ロスを減らして、マルイですべて仕入れて販売するということを考えています。

私たちスーパーマーケットが商品を買い叩いていると、生産者の方々が疲弊してしまいますので、いかにして適正な価格で仕入れる仕組みをつくるか、というのもこのマルイ・エンゲージメント・キャピタルの課題であり使命ですね。

損得より善悪を考える

丸尾 では最後に1つ質問ですが、松田社長が日頃から大切にされている言葉や座右の銘を教えていただけますか？

松田 「損得より善悪を考えよ」ですね。

丸尾 これは日頃から周囲にもお伝えしていらっしゃる言葉でしょうか。

松田 そうですね。目先の損得を考えても、決していいことにはならない。世の中のため、人のために、どうあるべきかということをしっかり考えた上で行動していくということですね。

マルイ・エンゲージメント・キャピタルが受け持っている大きな事業の一つに、寄附つき商品というのがあるんです。これは、モノを作っているメーカーさんから1円、食材や商品を運んでいるベンダーさんから1円、私たちマルイが1円、1つ商品が売れるたびに計3円をお住まいの地域の小学校に寄附するという取り組みです。これを鳥取県と岡山の全エリアで展開しており、今年は2000万円以上になる見込みです。

丸尾 まさに人や地域を育てながら、お金が循環しているんですね。

松田　私はこれまで9年間、岡山県の教育行政に携わっているんですが、教育の現場って厳しいんですよ。潤沢な予算があるわけではないので、図書室に子どもたちが今読みたい本が置かれていなかったり、スポーツに必要なものが揃っていなかったりします。これからは企業と地域が別々に動くのではなく、一緒になって地域を支えていく仕組みをつくっていかないといけないと思うんですね。その一環がこの寄附つき商品ということです。
　他にも、地域の価値のある事業を育成していこうという取り組みを始めており、その一つがZiba

Platformです。Ziba Platformが、新しく事業を起こしたい人が集まる場となり、われわれマルイグループがノウハウや資金を援助しますということです。ここを起点として津山に起業家がたくさん生まれ、地域が活性化する仕組みをつくっていきたいと思っています。

丸尾　いろんなことをしたい人がどんどん集まってくればいいですね。もともと母数は少ないですけど、これからこういった取り組みが見える化されていくと、だんだん地元に帰ってくる人が増えていくと思います。本日はありがとうございました。

松田欣也（まつだ　きんや）
1960年兵庫県神戸市に生まれる。1982年同志社大学法学部卒業、同年ヤマハ発動機株式会社に入社。1987年株式会社マルイ入社。1996年株式会社マルイ代表取締役社長就任。社業の他、一般社団法人新日本スーパーマーケット協会理事、中四国地区スーパーマーケット協会連合会会長、岡山県教育委員会委員、津山商工会議所会頭。

株式会社マルイ
西日本エリアの食料品店では最も早くセルフサービス方式を導入したスーパーマーケット。岡山県、鳥取県で食品スーパーマーケットチェーンを展開。「食」を通して地域に貢献していくことを目指し、食育活動を通した体験と気づきの場を創出、スポーツ振興支援など様々な取り組みを行っている。
岡山県津山市二宮71番地
http://www.maruilife.co.jp/

丸尾　お話を聞かせていただきありがとうございました。松田さんとお話をさせていただき、スーパーマーケットの枠を超えた、地域を創っていく取り組みについて、学びがたくさんありました。共に地域を盛り上げる取り組みができればと強く感じました。松田さんは神戸出身で、これからの地域を変えるかえ〜る人でした。

取材日：２０１７年10月31日
撮影地：株式会社マルイ

あとがき

東京から７００㎞離れた、中山間地域で実際に聞いたお話を、読んでいただきありがとうございました。

かえ〜る人に取材をしてお話をさせていただき、感じたことがもう一つあります。それは、「地域には当事者意識が必要」ということです。

私は、これからの地域を盛り上げていくのに必要なことは、アントレプレナーシップ（起業家意識）だと考えています。なぜなら、地域には「当事者意識の高さ」が求められているからです。地域の課題や、これからの地域をどうしていきたいかを、自分の事のように考え、事業を創ることができる人がどれだけいるかで地域は変わっていきます。

例えば仕事において、価値を創ることができる人材は、どんなスキルを持っているかよりも、高い視座を持っていることの方が重要です。作業担当者レベルの目線、チームリーダーとしての目線、事業責任者レベルでの目線、経営者レベルの目線、目線の高さで仕事に対する意識が変わっていきます。

この目線の高さが当事者意識です。極端なことを言えば、スキルは後でも付けることができます。今すぐスキルが必要なことであれば、スキルのある他者に任せることもできます。

目線の高さがすべての行動の幹になり、周囲に働きかけ、価値をつくりだす行動の根幹となり、その結果として行動の枝葉に現れるのです。

周りを巻き込んだり、関わりたいと思わせるような熱量やマインドを持った人、当事者意識の高い人がこれからの地域に必要な「かえ〜る人」であると思います。

この本が、「未来のフツウ」となり、これからの世代が、少しでもチャレンジしやすい地域社会をつくるきっかけとなり、かえ〜る人が生まれ続けるサイクルとなればと思います。

日本を元気にする〝かえーるサイクル〟

「かえ〜る人」とは、

1．「帰る」都市から地方へ。

2．「変える」新たな仕事を生み出す。

3．「還る」それらが継続して繰り返される。

大変お忙しい中、快く取材に協力いただいた「かえ〜る人」の方々に感謝いたします。これからも、新たな「かえ〜る人」の取材、記事化、書籍化を継続し、広くお伝えしていきたいと思います。

最後に、今回シリーズ三作目となりますが、2015年7月の一作目から、引き続きこの本の制作に関して、協力いただきました吉備人出版の金澤健吾氏、そして記事制作だけではなく、レプタイル株式会社の共同創業者としていつも支えてくれる取締役副社長・白石七重さん、そしてレプタイルスタッフの皆さま本当にありがとうございました！

岡山県北（けんほく）ではたらく。くらす。いーなかえーる。

http://www.kenhoku.jp/

けんほくを元気にする人　かえ〜る人

http://www.kenhoku.jp/turns/

■編者略歴

丸尾 宣史（まるお よしふみ）

レプタイル株式会社代表取締役社長
岡山県北（けんほく）ではたらく。くらす。「いーなかえーる」編集長
地域応援クラウドファンディング「FAAVO岡山」代表
こどもプログラミング教室「TTT」学長
こども向け教育コンテンツのマーケットプレイス「TUTO」代表

1982年岡山県鏡野町生まれ。津山高校卒、法政大学を卒業後、タリーズコーヒージャパンに入社。その後ベンチャー企業を経て津山市にUターン。2013年にレプタイルを創業。企業や地域の広報・PR、デザイン等を支援。ローカルメディア「いーなかえーる」、地域応援クラウドファンディング「FAAVO岡山」、UIターン創業拠点「アートインク津山」、こども向けプログラミング教室「TTT」等、地域向けに様々な事業を展開。著書に『地方に「かえ〜る人」―自分スタイルではたらく、暮らす―』『地方に「かえ〜る人」2―自分スタイルではたらく、暮らす―』（吉備人出版）等。岡山イノベーションコンテスト2017ファイナリスト。

レプタイル株式会社
http://www.reptiles.co.jp/

岡山県北部（けんほく）ではたらく。くらす。いーなかえーる
https://kenhoku.jp/

地域応援クラウドファンディング FAAVO岡山
https://faavo.jp/okayama

こどもプログラミング教室 TTT
http://tinytech.jp/

写真撮影 末澤勝志
記事制作協力 白石七重、タカシマナミ、武川和憲、平瑞季
デザイン協力 岡本隆宏

地方に「かえ〜る人《じん》」3
―自分スタイルではたらく、暮らす―

2018年9月13日 初版第1刷発行

編　者　丸尾宣史
装　丁　西田夏子
発行所　吉備人出版
〒700-0823 岡山市北区丸の内2丁目11-22
電話 086-235-3456　ファクス 086-234-3210
振替 01250-9-14467
メール books@kibito.co.jp
ホームページ http://www.kibito.co.jp/
印刷所　株式会社三門印刷所
製本所　日宝綜合製本株式会社

ISBN978-4-86069-558-3 C0036